洪哲茗｜邱茂恒 著

頂尖財務顧問的

48堂財商

素養課

收支　保險　投資

人生4階段富足全攻略

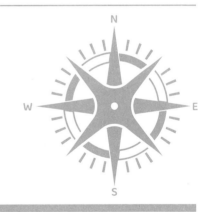

U0165390

不同人生階段，

跟著專家「以終為始」持續修正，
就能遊刃有餘應對各階段財務難題。

理財小白
／單身

雙薪

沒錢還需要理財嗎？

一不小心就花費暴增，
還有哪些財務隱憂？

理財重心大不同！

擺脫「錢不夠用」的窘境，
擁抱「財務幸福」！

三明治
世代

屆退族群

上有老下有小，
該如何減壓、賺更多？

餘生這麼長，
退休金不夠用怎麼辦？

答案就在下一頁！

CONTENTS

第 1 章

理財小白必學！
踏出第 1 步得知道這些事

第 2 章

雙薪爽度日？
當心暗藏財務隱憂

第 **3** 章

三明治世代心好累！
首重減壓、風險控管

第 4 章

長壽時代的金錢課！
打造退休族的理想老後

理財路上的最佳導航

陳彥行 | 國立臺灣大學財務金融學系教授

大家都知道，健康出問題時要去看醫生；想要鍛鍊體能時會找健身教練；小孩課業落後了可以請家教輔導；那麼，財務規劃遇到困難時該找誰？很多人第一個想到的，可能是銀行的理財專員或保險公司的業務員。然而，有另一群專家的建議同樣值得參考，那就是「獨立財務顧問」，這也是本書兩位作者的專業領域。

與金融業的銷售人員相比，獨立財務顧問沒有產品銷售的業績壓力，他們能夠提供更全面的財務診斷和建議，幫助你做出更客觀的理財決策。本書提到許多我們在日常生活中可能忽視的「理財盲點」，例如伴侶之間的財務溝通、買房的隱形成本，以及退休金的長期規劃等，這些都是在購買或使用金融產品之前，需要深思熟慮的問題。

書中運用了大量貼近生活的例子，讓讀者輕鬆掌握理財背後的核心理念。舉例來說，作者以「和牛吃到飽」和「和牛（吃草）吃到飽」這兩個形象生動的比喻，不僅增添了趣味性，還道

出了理財需要長期規劃與持之以恆的關鍵。

　　這本書的另一個特點是，它不只談論「財富自由」，而是進一步討論「財務幸福」。你可能會問：「財務幸福是什麼？」簡單來說，財務幸福不是指賺了多少錢，而是對自己現階段的財務狀況感到安心，能夠掌控生活，並且逐步實現自己的夢想。這概念就像是你在追求夢想的路上，不僅能享受過程，還能確保自己有足夠的資源達成目標。

　　除此之外，書中強調「以終為始」的理財思維，這個概念就像是我們平常玩遊戲時要設計通關策略一樣。你可能會想，要不要現在花一筆錢享受，還是留著將來使用？這就如同選擇是要「刷卡還是現金」的難題，但書中用更為長遠的眼光，教我們如何在現在與未來的財務需求間取得平衡。

　　總之，**這本書就像是我們理財路上的導航，無論你是理財新手、雙薪家庭，還是正在為退休做準備的人，都能找到適合自己階段的建議。**每一堂課都是一個引導我們邁向財務幸福的腳步。希望大家在閱讀過程中，不僅能學到實用的理財知識，也能透過這些故事，找到屬於自己的財務幸福之路。

推薦序二
一本可以抵好幾本的財商好書

愛瑞克｜《內在成就》系列作者、TMBA 共同創辦人

此書有三大特點和優勢：專業底氣強、涵蓋範圍廣、實際案例多，值得大力推薦給每一位需要理財的民眾。以下列出我所觀察到的許多與眾不同之處。

首先是專業底氣強。不同於坊間很多理財相關書籍，是由素人撰寫，此書兩位作者都曾任職於大型金融機構，擔任投資理財決策相關職務，因此受過扎實的專業訓練、累積了足夠的金融專業素養。後來，他們以協助更多人達成財務目標為志業，因此各自放下了金融業的鐵飯碗，毅然決然成立財務顧問公司，並且取得國際上最高榮譽的金融證照，目前是台灣極少數的獨立財務顧問。

其次是涵蓋範圍廣。此書的 48 堂課涵蓋了生活收支、風險管理、退休金規劃及運用、節稅及信託等等，**從一個人年輕到老年，一生中會遇到的所有財務問題，幾乎全都考慮到了，此書是市面上少數能夠探討層面這麼完整的一本著作。**

第三是實際案例多。每一堂課都用了至少一個真實（包含

作者親身的）案例，加以分析解說，而這些案例都是一般民眾在日常生活中，也會遭遇的難題，因此，讀來相當有感。有別於許多財商書籍，屬於歐美或日韓等國外著作中譯版，在環境背景迥異之下（例如美國的退休金制度、民眾儲蓄率都與台灣大不相同），很難接地氣；此書是道地的台灣人所撰寫，沒有這個問題。

　　除了以上特點和優勢，我很喜歡此書的雙色設計和圖表解析，讓原本複雜的財務原理或概念，更容易一看就懂！對於精華重點，還特別加底線標示，讓某些自己不太會抓重點的讀者，也都能清楚判斷、不漏看。

　　這確實是一本可以抵好幾本的財商好書，值得大力推薦！

理財，是一種創造財務幸福的生活方式

洪哲茗

回想起擔任交易員的時候，在一次與同學的聚會中，同學半開玩笑問我：「哲茗，有沒有什麼投資的明牌？」看著同學殷殷期盼的眼神，卻又不像是開玩笑，當下我不知道該如何回答，就只能打哈哈帶過。

這個場景卻在我心中埋下一個種子。我思考著，自己的金融專業，能不能帶給人們更實質的幫助？不再只是糾結於交易績效的變動？那段期間，我經歷了一段心靈低潮期，對於每天數字的變化，感到麻木。

後來，因緣際會認識了獨立財務顧問這個行業，和老婆討論後（其實沒有，直接放行），便毅然決然遞出辭呈。執案 5 年多以來，**陪伴客戶走過喜怒哀樂、蒐集歡笑與淚水，是我的興趣。看著每個家庭的生涯財務模擬，想像未來各種美好的場景，是我的日常。現在，映入我眼簾的數字，比銀行的報表少了好幾個零，卻更加有重量。**

終於，也算是有點資歷，可以跟大家分享這些故事了。

感謝幸福文化團隊的協助，過程中完全感受到你們的專業與熱忱，讓本書得以更完美地呈現。

感謝定方的好夥伴，Nell 以及本書共同作者查爾獅，寫稿期間我們不忘一起登上玉山，未來還要繼續在這個行業結伴前行。

感謝兩個寶貝的孩子，以及定方的吉祥物——小定與小方，在我必須趕稿或是趕報告書的時候，留給我一點空間。最要感謝的，是我親愛的老婆，轉職顧問的這 5 年多來，妳從來不曾抱怨過，妳的陪伴是我最大的定心丸（以上人物都會在本書登場）。

本書集合了 48 個我跟查爾獅的經典案例，希望也能成為你在理財路上的指南，一步一步創造屬於你的財務幸福。

每個認真看待人生的人，都值得幸福

邱茂恒（查爾獅）

2023/11/28 對我來說是個特別的日子，繼 5 年前媽媽多年病痛終於離苦得樂後，爸爸也到了另一個世界修行。同時，我的偶像查理‧蒙格，也於同一天逝世。從小到大的過往，好像都隨著兩次到法院辦理拋棄繼承，終有個了結。在這樣的成長歷程中，我得到了很多的養分，但也花了許多時間去探索，去被迫成長。

我很喜歡的一部電影《夕霧花園》裡，男主角阿部寬說過：「**外面的世界永遠都在，我們唯一能掌握的，是選擇如何去看。**」客觀的事實已經發生了，我們沒有辦法改變，但永遠可以決定如何與之相處，**別讓自己的感受又懲罰了自己一次**。

意義治療大師維克多‧法蘭柯也說過：「**客觀的外在事物看起來都一樣，但能決定不一樣的地方，是我們可以主觀賦予這些事物跟想法意義，世界可以由我們的意念來構築，只是你願不願意相信。**」

雖然我們知道很多困難終究會過，在看不見光的隧道裡，總會有出口，但問題是，不知道還要多久，我們才能看到出口的那道光。在人生旅途中，當我們深陷痛苦的漩渦時，轉念其實不是容易的事。許多人可能和我一樣，在成長的過程中經歷了無數的掙扎與遺憾，而且在這個過程，甚至有可能念頭轉不過去，或者生活撐不過去，導致有些遺憾發生。

我希望這本書能成為讀者們生命中的一道光，照亮我們在隧道中前行的道路。藉由每個故事跟問題解決，讓自己有機會避免一些痛苦的事情發生，而開始對生活、財務、夢想找回自主權，達成自己的財務幸福。每個認真看待人生的人，都值得幸福。

前言
培養富足一生的財務智慧

▶ 理財書百百款，為什麼你需要這一本？

　　台大財金系陳彥行教授曾說過：「理財規劃，是一個不斷探索內心價值觀，並隨時間調整的過程。若能把有限的時間與金錢，花在最值得的人、事、物上，就能感到幸福，而幸福，是我們值得一生追尋的美好事物。」這就是所謂的「**財務幸福**」，也是本書最想傳達的理念。

　　我們的一生會隨著時間推移，在不同階段遇到不同財務挑戰，本書將探討如何因應各階段獨特的狀態和可能產生的問題，**幫助讀者培養出屬於自己的理財智慧，擁有金錢與生活的掌控權，過著「沒有恐懼，永遠安心，實現夢想，完成希望」的富足人生**。

▶ 「財務幸福」是一種主觀的心理狀態

　　在進入各階段的財務診斷之前，我們先來認識財務幸福。

　　財務自由是理財界的熱門關鍵字，相較起來，「財務幸福」的知名度就沒那麼高了。兩者聽起來相似，但卻有著微妙差異。

　　我們給「財務幸福」的定義是：**對於自己目前的財務狀況感**

到滿意、安心，並且有能力實現自己所重視的生活目標，是一種個人的主觀感受，與客觀的財富多寡不一定成正比。

「財務自由」的定義則是：擁有足夠的財富，能夠在不依賴工作的情況下，維持一定的生活水準，一般是以被動收入是否高過生活支出來衡量，有較為客觀的標準。

★ 財務幸福：主觀的心理狀態，強調的是內心的滿足感和生活的掌控感。

★ 財務自由：客觀的財務狀態，強調的是財富的累積和選擇的自由。

▶ 財務幸福≠財務自由，但卻可以齊頭並進

「財務自由」並不等於「財務幸福」，反之亦然。舉例來說，當財富累積到一定程度，生活無虞，就達到「財務自由」的狀態；但如果每天只是吃飽睡、睡飽吃，生活沒有目標，那就還沒達到「財務幸福」的狀態。

再看另一個例子，正值累積資產的青壯族群，上有老下有小，顯然還沒達到「財務自由」的狀態；但是，若能夠擬定好生涯財務計畫，相信自己隨著長時間的累積，不僅可以達到財務自由的狀態，也能過上想要的生活，那就是「財務幸福」了。

顯然，兩者都是我們希望達成的狀態，而且缺一不可。只有財務自由卻感受不到幸福感，就成了「窮得只剩下錢」的守財奴；而如果沒有財富的支持，財務幸福就可能淪為阿 Q 的精神勝利法了。

所幸兩者並非互斥，而是可以齊頭並進的。因此，理財規劃的過程中，我們不僅要注重財富累積的速度，更要不斷思考「未來想過什麼樣的生活」。

如果不知道一生要多少錢才足夠，很容易不小心把金錢當成目標，但金錢其實只是我們換到想要東西的媒介而已。一旦錯將手段當作目的，可能反而失去得到幸福的機會。

▶ 金錢，是為了幫助自己獲得更多選擇的自由

在本書中，我們探討了理財小白族、享受兩人生活的雙薪（甚至頂客）族、上有老下有小的三明治族，以及面臨退休轉變的屆退休族。一起來看看在各自階段有什麼理財重點。

1 理財新手／單身族：打好基礎，掌握未來

年輕時期是打好財務基礎的黃金時機，學會如何管理收入和支出，建立儲蓄習慣，並逐步開始投資，都是為了未來能擁有更大的自由和選擇權。這個階段的理財智慧在於**培養負責任的財務習慣**，並學會如何應對突發狀況。

2 雙薪族：雙重收入的機會與挑戰

　　雙薪甚至頂客族，通常有較高的收入和較少的家庭責任，這是一個積極投資和累積財富的好時機。但在這種狀態下，因為比較有機會追求高生活品質，高支出的狀況也容易伴隨而來。這時的理財智慧在於**平衡即時享受與長期財務之間的關係**，並確保雙方都能在未來生活中獲得保障。

3 三明治族：打造家庭責任與自我價值的橋樑

　　三明治族面臨著照顧雙方家庭，以及撫養子女的雙重壓力。這一階段的理財智慧在於，如何**有效地管理支出，在家庭的責任、生活的品質、自我的追求中，找出一個適合的平衡點**。把握住今天的幸福，又不失去對未來的盼望。

4 退休及屆退族：邁向退休的新生活

　　隨著子女長大離家，我們需要對退休生活做好準備。這個階段的理財智慧在於**確保退休儲蓄的充足，並合理安排退休生活的支出**，有效管理退休金且不被詐騙，確保能夠支撐未來數十年的生活需求。

　　這些階段無論是短暫或長久，都必須以謹慎的態度來面對，才能培養出屬於自己的理財智慧。而這種智慧不僅是一種技能、知識，更是一種生活態度、價值觀，將伴隨著我們的一生，影響我們的選擇和未來的方向。

▶ 以終為始，開啟致富循環

　　致富之道沒有終點，它是我們一生的旅途，每個階段都是一個新的起點，每次選擇都是在為未來鋪路。無論身處人生的哪個階段，我們由衷希望這本書，能成為人們在人生旅途中的指南，幫助大家在每個階段都做出明智的財務決策。

　　財富不僅僅是錢財的累積，更是生活的品質和自由的體現，願大家在人生的每個階段，都能擁有財務的自主權，享受富足而有意義的生活，達成「財務幸福」。

第 1 章

理財小白必學！
踏出第 1 步得知道這些事

| 盤點收入 |

年輕時「和牛」吃到飽，年老只能和牛（吃草）吃到飽？

　　年近 30 歲的阿偉，因為學有專精，有著 120～150 萬的年收入。此外，阿偉的父母也還在工作，不需要阿偉提供生活費。兩年前在家人的建議下，他買下了人生第一間房，成為有巢一族。

　　「一人飽，全家飽」的阿偉，由於先前還沒有穩定交往的對象，因此常與朋友出遊聯誼，所以買一台車代步也是不可少的。另外，愛玩手遊的阿偉，也是位重量級「課長」，貢獻給手遊的課金一點也不少。

　　近來阿偉終於有了心儀的對象，本來應該是一件令人欣喜的事情。只是一想到結婚、生兒育女等需要的開支，銀行帳戶沒存太多錢的阿偉，不禁開始煩惱了起來，過去逍遙自在的生活，很可能一去不回頭了。

▶ 明明有賺錢，為何存不住？

　　雖然新聞媒體常常渲染年輕人被壓榨、薪資低，但事實上像

阿偉這樣的例子也不在少數，像是醫護人員、工程師等等。這類人通常有兩個共通的特徵：

1. 工作忙碌，時間寶貴。
2. 工作壓力大。

　　在這樣的情況下，需要各種不同方式的紓壓管道，像是與朋友同事聚餐、出遊等一定不會少。再者，「只要錢能解決的事，都是小事」，消費習慣往往不自覺地改變，像是工作忙碌，變成餐餐叫外送、出國玩要犒賞自己，所以選擇商務艙。如果平常沒什麼時間打理自己的財務，財富往往來得快，去得也快。等到像阿偉一樣，意識到開始要為新的人生階段做準備時，才驚覺沒有存下太多本錢。

　　或許有人會說，「阿偉們」就像是伊索寓言裡的蚱蜢，只顧著當下的享樂，沒有為未來準備，這樣的說法我覺得並不完全正確。寓言裡的蚱蜢，內在的價值觀是「及時行樂」，所以既不願意工作，更不願意儲備糧食過冬。然而，「阿偉們」並非如此，努力工作仍是他們重要的任務，之所以沒有存下錢，只是沒有找到「現在」與「未來」之間的平衡而已。

　　此時此刻的「阿偉們」，常見的反應包括：

1. 開始找各式各樣的投資方式：但是在沒有太多時間做功課、急就章的情況下，往往投資的成果跟預期有落差。
2. 極端控制支出，造成適應不良：就像原本飲食習慣比較

重口味的人，為了減重強迫自己吃超清淡的食物，初期容易適應不良，甚至報復性飲食。

所以，阿偉們可以怎麼做呢？

▶ 做法 ① 先盤點錢都跑到哪裡去了

「阿偉們」雖然現在沒有錢，但是仍然占有很大的優勢：**年紀輕、相對高的薪資收入**，只要能夠找到平衡點，適當地調整，理財成果就可以開始快速累積。相對來說，投資需要長時間累積本金，讓複利發酵，成果才會比較明顯。

此時的阿偉，首先要做的事情應該是：**盤點過往的收入都跑哪裡去了？**

重新盤點資產後發現，阿偉的存款雖然不多，但是當初買房時，阿偉選擇不使用寬限期，且因為收入還不錯，希望盡早還完貸款，所以選擇 20 年期的房貸。有一大部分的錢，阿偉是「存到」房子裡了。

另外，阿偉每月會給父親 1 萬元，由父親代為投資，預計在阿偉結婚時返還，做為成家立業的基金，隨著時間的累積，也有 30、40 萬元之譜。所以，阿偉的帳戶雖然沒有太多現金，但並不等於沒有資產。

▶做法 ② 設定具體的財務目標

光是和阿偉盤點完現況，建立初步的資產負債表，阿偉的心情就已經輕鬆了不少，其實狀況沒有如想像中的糟。接著，我和阿偉逐一設定了未來的一些重要人生目標，如下表：

財務目標	時間	金額
換車	9年後	200萬
家族旅遊	每年	每年15萬
孩子教育金	到大學畢業	私立大學學費＋生活費
65歲安心退休	準備到85歲	每月7.96萬

目標金額經過通膨調整計算，再加上估計的薪資成長率等數值試算後，可能沒有辦法如期在 65 歲時退休，累積的資產可能會在 75 歲耗盡。此時阿偉必須做出抉擇：不是減少現在的花費或是提高收入，不然就是要調降部分目標，來完成 85 歲「破產上天堂」的計畫。

經過討論，阿偉選擇的人生財務策略是：每月降低 1 萬元支出、延長車子的使用年限，並且小幅調降退休金的目標金額。對於阿偉來說，每年和家人出國是重要的行程，因此他不希望減少旅遊的花費；另外，孩子的教育以及退休的時間，也是阿偉不願意妥協的目標。

對於阿偉來說，減少每月的課金金額，反而變成理所當然的決定。因為此時阿偉清楚知道，他花在手遊上的課金，是用和家人出遊的快樂、孩子的教育，以及自己的退休金所換來的。所以，減少課金的決定，對阿偉來說就不會是痛苦，而是相當踏實的。

雖然未來的變數還相當多，但是有了大致的財務輪廓後，要再做大幅調整的可能性其實不高，每年定期檢視、動態調整，就能按部就班將理財計畫逐步落地，但前提是要找到現在與未來的平衡點，才能安心理財。

> **❝ 忙碌賺錢，樂享當下。
> 未來規劃，永不嫌晚。❞**

不曉得你和阿偉的情況是不是相似？如果你是阿偉，又會做什麼樣的選擇？**理財的起點，是要從了解自己的財務現況與價值觀出發**，而非急著找藥吃，病急亂投醫的結果，反而可能蹉跎了更多的時間。

重點摘要

1. **收入高不代表財務幸福**：許多高收入的年輕人，因為沒有良好的理財習慣，過度消費，導致存款不足。

2. 目標模糊，缺乏規劃：沒有明確的財務目標，很容易在消費時失去方向，導致財務狀況不穩定。

3. 找到平衡點，兼顧現在與未來：忙碌工作之餘，仍需規劃未來，找到消費與儲蓄之間的平衡點，才能實現財務幸福。

 思考練習

● 你是否認真思考過自己的人生財務目標？試著寫下來，並且設定具體的時間與金額。最後，請排序各項目標的重要性。

| 提早準備 |

出社會前必修！
8 步驟做好財務規劃

　　自 108 課綱推行後，學校教育越來越重視金融素養。我想到自己小時候，那時學校還沒有系統式的金融教育，我們很多財務觀念都是出社會時，來自於父母、家庭、新聞、朋友之間的做法。但這些做法到底是好是壞，有沒有什麼標準，其實都不清楚。

　　這種感覺有點像是學生時期，長輩都叫你不要談戀愛，叫你好好讀書，卻在畢業出社會後，直接問你什麼時候要結婚。在沒有經驗、學習過的狀態下，居然就要面臨這麼重大的決定。那萬一錯了呢？萬一遇到一些意外，到底該怎麼處理？是不是有些問題一開始就該發現了？而不是等到一些顯而易見的狀況發生後，才感到後悔呢？

▶ 先做計畫想像未來，再逐步調整

　　常說計畫趕不上變化，特別是當我們還是學生的時候，因為還沒遇過實際出社會的問題，像是支出、稅負、結婚生子、買車

買房等財務責任，都還沒真正經歷過。因此，這樣的計畫很容易太空泛或不好執行。但是，我們仍然可以藉由計畫來理解自己想要什麼。計畫讓我們得以想像想做的事，進而確定自己想要或不想要什麼東西或目標，以及了解遇到意外該如何應對。

▶ 規劃財務 8 步驟，打造自己想要的人生

　　有時候我們會去學校講課，發現雖然很多財務問題出社會後才會經歷，但學生們對自己當下的行為，究竟對未來目標有什麼影響，其實還不太清楚。學生們都有許多天馬行空或者不受限的想法，還沒被一些現實面框架或限制，這種狀態其實非常適合藉由「規劃財務的 8 個步驟」來探索。

　　一開始，先用當下切身相關的問題來做連結跟規劃，之後就可以一步步調整練習，逐漸清楚什麼是自己要的人生。例如可以由畢業後要完成什麼事開始，這些事情通常需要金錢，所以要列出時間與金錢、預計存到多少錢、收支平衡……等，從跟自身比較有關連的事情入手。

　　我們可以運用 8 個步驟設計，像設計不同關卡一樣，如果哪裡卡關了，就能知道問題出在何處，進而不斷去優化：**列出目標→支出分析→收入分析→確認缺口→確認調整→列出排序→觀察修正→執行優化（看問題點在哪裡，回到不同的步驟繼續循環優化）**

Step ❶ 列出目標

如畢業後想存到 5 萬塊、不同時期的職涯規劃、在不同階段培養各種技能的花費……等。

Step ❷ 支出分析

將記錄瑣碎的支出，分成每個月固定支出、年度支出、意外支出，來理解自己的消費價值觀。

Step ❸ 收入分析

收入來源可以區分出**勞務、非勞務、常態型、非常態型**（有期數的補助或獎金、家長承諾給多久的零用錢），來理解自己的現金流來源。

Step ❹ 確認缺口

確認目前的收入與支出狀況，能累積多少儲蓄，會不會因為收入與支出的時間點不同，產生不同的缺口，這種狀況能達成剛開始設計的目標嗎？

Step ❺ 確認調整

如果在前面階段，發現目標無法達成的話，需要從下列 4 項排出可以調整的順序。我們可以先列出每一項可能調整的行為，再針對這 4 項列出的全部行為，做出自己想要的優先排序，這時

會發現自己對不同事情的在意程度，例如以下：

(1) 減少支出：買衣服預算下降多少、少喝幾杯飲料會省下多少錢。

(2) 提高收入：多打工提升多少收入、跟爸媽多要零用錢。

(3) 目標延後：畢業後想存 5 萬，改成畢業後再 1 年存到 5 萬。

(4) 目標減少：畢業後存到 5 萬，改成存到 3 萬。

Step 6 列出排序

我們先排出前面階段最願意改變的調整行為，識別自己的財務狀況，藉由不同調整的比較模式，來理解自己想要的生活（萬一目標達不成，自己願意先從第一項開始調整），例如以下：

(1) 跟爸媽要零用錢，每個月收入增加 2,000。

(2) 買衣服預算下降，每年減少 6,000。

(3) 多打工，每個月收入增加 1 萬。

(4) 畢業後想存 5 萬，改成畢業後再 1 年存到 5 萬。

(5) 畢業後存到 5 萬，改成存到 3 萬

(6) 少喝飲料，每個月支出減少 1,500。

Step 7 觀察修正

觀察每一個調整項目對財務狀況（收入支出及儲蓄）產生的變化，判斷調整到哪個項目可以達成目標，讓自己的行為產生出

看得出來的變化。

Step 8 執行優化

執行項目遇到什麼困難，覺察到問題出在哪個階段，發現問題就調整，再不斷執行。

▶執行力 UP！為自己的選擇買單

對別人說「我是為你好」，常會引起反感，人的本性是不會想要對別人的選擇買單。人只願意為自己想要的事情改變，這也是我們藉由財務規劃，理解自己想要什麼人生的關鍵。經由這樣的流程執行，即使還沒真正出社會，也會讓我們與自己的目標和現在生活產生連結，執行的動力和意願會大不相同，因為這是「找自己」的過程，一切也會是自己願意做出的改變。

重點摘要

1. 藉由規劃，定期模擬財務狀況，除了了解財務現況外，也會更清楚自己的財務價值觀。

2. 運用規劃財務的 8 個步驟來定期檢視。列出目標→支出分析→收入分析→確認缺口→確認調整→列出排序→觀察修正→執行優化（看問題點在哪裡，回到不同的步驟繼續循環優化）

思考練習

- 設定一個你想達成的財務目標，並列出達成這個目標需要的具體步驟。
- 記錄你一個月的所有支出和收入，並分析哪些支出可以減少，哪些收入可以增加。
- 假設你在達成財務目標的過程中遇到困難，思考並列出可以調整的行動方案。

| 信用代價 |

信用卡用得好，
就是理財神助攻

　　小美是一名剛進入職場的年輕人，對於財務相關的事情還懵懵懂懂，人生中也從來沒有辦過信用卡，但同事都推薦，說辦信用卡在生活上相當方便，不過小美又記得，小時候好像有過什麼卡債風暴，家裡的長輩也說辦信用卡很危險，不同的意見讓小美有點猶豫，不知道該怎麼辦比較好。

▶ 不是借錢免還，而是以信用作為代價

　　小美後來還是決定辦信用卡試試看，她使用後發現，這是一種方便的消費方式。信用卡讓她在當下不用有實質的支出，而是以她的信用來背書，過一陣子再支付消費的款項。這種運用信用幫助消費的方式，如果管理得好，的確有各種優點，但如果信用出狀況，也可能讓財務黑洞出現在她的生活中。

　　小美也對 2005 年的卡債風暴做了許多功課，當時很多金融機構對信用審核不當，甚至擺攤填資料就可以拿到信用卡，完全

不重視申辦人的財務狀況。 許多欠款人享受當下的結果，以為當下不用支出就沒問題，但實際上這筆錢還是要還。當還不出錢的時候，欠款人就像金錢的奴隸，被欠款和利息追著跑，成為「卡奴」。當年台灣出現了很多卡奴，許多金融機構也收不回帳款，台灣經濟大受影響，也造成不少家庭悲劇。

　　小美決定即使開始使用信用卡，也需要先了解如何避免陷入財務黑洞。她去銀行辦理「**自動扣款**」，避免因惰性遲繳和不小心超支的問題。自動扣款會在繳款截止日自動扣繳，讓她享有最長的信用運用期間，不用在收到帳單時急著繳或不小心忘記。

▶ 3 優勢，讓生活更便利

　　小美發現信用卡對她的生活有很多幫助，尤其是很明顯的 3 種優勢：

1 卡片優惠

　　有不同優惠類型，如紅利、現金回饋、國內外消費、消費平台使用、額外福利（通路產品優惠如餐飲優惠、電影票、免費停車、免費拖吊……等），針對不同的消費使用不同的信用卡，會比直接以現金消費還划算。

2 帳戶管理

如果使用不同的信用卡，以月支出、年度支出、不同性質消費分類的話，反而會讓自己比較清楚財務狀況，也比較好做控管。

3 免息運用

這是信用卡最大的特色，運用信用來背書，等於有彈性一個月的消費支付，不用馬上支付，而且不用利息。

▶3 注意事項，避免跌入財務黑洞

但是，小美也了解到使用信用卡消費，不會馬上看到實際的支出，很容易讓人有**拖延支付、過度消費和誤判財務狀況的情況**，這會影響到個人信用，進而影響貸款需求。尤其有 3 點需要特別注意：

1 避免只繳最低金額

每次收到帳單時，別只繳納最低金額，這在聯徵中心的信用報告上會顯示，會影響到信用分數，以及貸款、信用卡的申辦。更需要負擔高額的利息（10％上下），讓繳費壓力越來越大。最近很紅的《山道猴子的一生》主角，就是一直做繳納最低金額的決定，最終累積到難以支付的金額後，也就不想處理了。

② 避免有息分期

　　信用卡的消費分期，只要好好地繳款，對聯徵中心的信用報告判斷比較沒影響，但如果養成有息分期的消費習慣，金錢也會慢慢被利息吃掉，這習慣會像滾雪球一樣累積，信用分數也會受到影響。

③ 避免預借現金

　　信用卡有一個預借現金的功能，也對信用有不小的影響，同樣會影響到信用分數，以及貸款、信用卡的申辦。雖說支付利息及手續費不高，但就像是一般信用卡消費一樣，萬一無法全額繳納，只繳納最低應繳金額，仍需要負擔類高額的利息，雖然看起來方便，但這種方便有不小的代價。

▶ 理性用卡，別淪為工具的奴隸

　　信用卡只是我們使用的工具，**規劃目標和清楚自己的財務狀況才是重點**。我們不要因為信用卡的優惠而拼命申辦，這反而會讓財務狀況變得複雜。小美後來明白信用卡的設計有點挑戰人性，因為當下感受不到錢失去的感覺，這很容易不小心增加了消費支出。因此，她決心理性使用信用卡，了解信用卡的優缺點，讓它成為生活中的好幫手。

1. 了解信用卡的優勢：卡片優惠、帳戶管理和免息運用。

2. 了解使用信用卡的注意事項：避免只繳最低金額、避免有息分期和避免預借現金。

3. 理性使用信用卡：清楚自己為什麼使用信用卡，不要只是為了優惠與方便而辦了很多信用卡，這會使得財務狀況變得複雜且難以釐清，我們要避免成為信用卡的奴隸。

 思考練習

- 設計一個月的消費計畫，並記錄所有支出，觀察使用信用卡後帶來的影響。

- 分析自己的消費習慣，哪些支出容易使用信用卡消費、哪些支出使用現金、哪些支出使用不同的支出型態。

- 發現因為使用信用卡，而多出一些原本沒有的消費支出時，請思考如何調整消費習慣，避免陷入信用卡債務或者無法存款的窘境。

| 信用管理 |

不想淪為「山道猴子」，得先看懂貸款陷阱

▶ 跟未來的自己借錢，到底是好或壞？

前陣子有一部很紅的 YouTube 影片——《山道猴子的一生》，主角看似越來越悲慘的人生，真的純粹是因為運氣嗎？其實我們都發現，他的很多決定是一步錯步步錯，不斷地逃避跟怪罪別人，自己覺得沒有任何問題，卻被各種問題拖下深淵。

這些問題很容易最終以錢的方式呈現，**因為錢沒有不見，而是變成我們喜歡的東西**，萬一這些喜歡的東西是用未來的錢去換的，我們就需要謹慎看待這件事。

我們其實是在跟未來的自己借錢，當未來變成現在，就會感受到還錢的壓力，這時才發現當初的決定其實沒那麼喜歡。很多問題一開始都能夠解決的，我們可以及早做好「信用管理」，讓自己做出真正喜歡的決定。

▶ 為什麼我們需要管理信用？

「信用管理」對當下及未來的生活都會有影響（**收支及投資能累積的資產會不同**），如果有計畫地去管理，會讓現在跟未來達成一個自己喜歡的平衡，有些問題沒有比較過的話，便不容易評估，以下列出信用管理對當下及未來的影響：

1 對收支面的影響（當下）

(1) 支出增加。

(2) 感覺存不下錢。

(3) 會對未來生活憂慮。

(4) 遇到意外時的風險承受度太低。

(5) 在意當下小確幸，忽略未來大幸福。

2 對投資面的影響（未來）

(1) 可投資累積的錢減少。

(2) 未來目標或生活準備不足。

(3) 用借的錢投資，會影響對風險的承受度。

(4) 難以穩定投資，容易產生拚一把的心態。

(5) 用借的錢去投資，做其他財務決定容易被迫受影響。

每個人一生的資源有限，我們不能只考慮現在的資產與目

標，也需要考慮未來要花費的，以及未來能不能累積到的金額。只是未來不好評估，有比較多變化，不容易衡量，導致問題慢慢從未來變成當下發生，才發現很難解決，也沒有時間解決。《山道猴子的一生》影片內，就有 2 個比較明顯的信用問題。

▶ 新型債務風暴來襲！先認識 2 種「解憂話術」

1 「強力過件」——小心讓你血本無歸

　　黑心車行老闆跟要買車的主角說：「我們現在剛好有一個 0 元交車專案，而且你不用拿現金出來，只要繳牌險，就可以把車牽回去。」

　　千萬別上當！（這句話好像有音效 XD）

　　試著想一下，無論是貸款或分期，都表示是有人借錢給你，借錢給你的人當然不希望血本無歸，所以會設計一些條件，來評估借錢給你的風險。如果你符合越多設計的條件，如收入高、資產高、工作穩定……等，那麼能談的還款條件自然越好。

　　反過來說，如果自身條件不好，不符合貸方需求，就表示他借錢給你的風險越高，這種風險肯定反映在利率高、貸款金額低、期數短……等條件上，甚至根本貸款或分期過不了。

　　如果我們都知道自身財務狀況不好，還聽到「強力過件」（編按：這是坊間融資公司以低月付包裝高利率的常見手法），

這並不是好事，表示不看什麼條件，對貸款人而言很吃虧，更可能是一種話術或詐騙。這種話術其實只是把總金額提高，讓利率看起來優惠，實際上你反而買貴了，甚至有可能買賣被作成附條件買賣，繳完款項前，車子不一定是屬於你的（相關法條可以參閱文後的法條備註）。

2 「還款協商」──到底是「債務整合」或「債務協商」？

銀行打電號給主角催繳通知：「先生，您已經欠繳兩期了，而且前面還有四期只繳最低，這樣您的利息會累積得很快喔！我們建議您下一期全額繳納，這樣對您也比較好。先生，我們也是看到繳款紀錄異常，向您確認一下，確定不需要還款協商嗎？會以融資的方式幫您把總金額攤平，這樣還款壓力會比較小，也對您的信用比較不傷。」

上述提到的還款協商其實是「**債務整合**」，而不是「**債務協商**」，這兩種方法都有助於處理債務，但是考慮使用的情況不同：

(1)「債務整合」是新增一筆借款，來處理之前不同筆的債務，這時可以選擇條件比較好的貸款方式，把之前不利的卡債循環、條件較差的貸款，做統一的整理，讓自己還款壓力下降。這種方式必須是自身財務狀況不致太差，還有靠自身反轉的機會。

(2)「債務協商」則是當你幾乎無法處理債務了，在借錢給

你的人眼中，他寧願至少能拿一些回來。這時跟借錢給你的人好好溝通協商，變更你的還款條件，讓你至少比較有機會還錢，或甚至能夠還一點。如果你本身的財務狀況很糟糕，反而可能談得出比原來好很多的條件，但這時聯合徵信的信用報告紀錄上，會因為條件不同，而有協商註記，這會影響到一定期限內貸款或信用卡無法申辦。

　　若債務協商不成立，也可依據收入支出及資產負債情況，由法院裁定適合的更生或者清算條件，制定可能執行的還債方案。若債務太龐大，還款能力顯然不可能負擔，也可能有機會聲請破產保護。但要注意的是，**無論是更生、清算、破產等程序，都會有禁奢或工作上的限制、聯合徵信的信用報告註記……等情況**（相關法條可以參閱文後的法條備註）。

▶ 5 方向評估，做好信用管理

　　需不需要借錢周轉，其實都發生在我們的日常生活上，無論辦理信用卡、房貸、車貸、信貸、跟會仔（台語），都是不同的管理方式，但信用其實就是，**現在就決定要把未來的錢變現，但因為提前變現了，一定要支付一點利息，再由未來的自己幫現在的自己買單，這種狀況是需要謹慎決定的。**至於該怎麼做才好決定呢？可以由以下 5 個方向評估：

1 尋找替代方案

貸款不一定是最接近期望結果的解方，可以多想幾個不同的配套方案。

2 借利率低的，還利率高的

如果有辦法借利率低的，還利率高的，會降低每月還款金額。

3 借長期的，還短期的

借款期數越長，表示攤還下來每月金額比較低，借長來支短，可以解決燃眉之急。

4 評估可變現資產效益

評估手中不同的條件與資產，可以做借款的調整，譬如運用房子增貸買車，條件上會比車貸好。

5 做好財務規劃

我們可以思考現在及未來的收支情形，評估做決定會產生什麼影響。若因為當下的決定後悔莫及，輪到未來的自己買單時（問題發生後），反而很難處理。

重點摘要

1. 借錢是向未來的自己借錢，未來的自己需要為現在的決定買單。

2. 要考慮自己貸款及分期的條件，聽起來太優惠的方案，就想想對方為什麼願意給自己這樣的條件。

3. 了解債務問題的處理是要做「債務整合」還是「債務協商」。

 思考練習

- 估算一下，現在的信用卡分期或循環，加上每月要償還的貸款，占據你月收入多少的比例，如果超過33%就需要注意，有可能消費支出已經超越自己的能力。
- 先評估如果急需用錢，有哪些合法貸款的方式可以運用？不要貿然直接去貸款。

1. 民法§99 條以下，法律行為是可以附上條件，在條件成就的時候才發生效力。

2. 動產擔保交易法§26：稱附條件買賣者，謂買受人先占有動產之標的物，約定至支付一部或全部價金，或完成特定條件時，始取得標的物所有權之交易。

3. 消費者債務清理條例§151-1：債務人對於金融機構負債務者，在聲請更生或清算前，應向最大債權金融機構請求協商債務清償方案，或向其住、居所地之法院或鄉、鎮、市、區調解委員會聲請債務清理之調解。

4. 消費者債務清理條例§153：自債務人提出協商請求之翌日起逾三十日不開始協商，或自開始協商之翌日起逾九十日協商不成立，債務人得逕向法院聲請更生或清算。

5. 消費者債務清理條例施行細則§44-3：債務人於協商或調解不成立後聲請更生或清算，法院不得以其未接受債權人於協商或調解程序所提債務清償方案為由，駁回其更生或清算之聲請。

6. 破產法§1-1：債務人不能清償債務者，依本法所規定和解或破產程序，清理其債務。

第 05 堂

| 累積儲蓄 |

這樣儲蓄＋投資，
職場小白不吃土

▶ 為什麼薪水總是不夠花？

　　每一個人的第一份薪水，我想都有專屬的故事。小琪畢業後已經工作了 2 年，她剛出社會時，還不知道要做什麼工作比較好：能收入高一點嗎？還是要比較有發展空間？還是要找有興趣的？自己的能力夠格嗎？剛好媽媽的朋友介紹了一份行政工作，小琪想說先做做看好了，發展之後再說，於是她先在一間傳統產業裡當行政人員。

　　畢業前，好多問題都沒有想過，聽人說退休、買房的問題，感覺都還很遙遠，以後總會有辦法的，而且大家不是都說要活在當下嗎？隨著工作 2 年過去了，怎麼好像身上都沒有錢，而且財務壓力也變大了，錢開始不太夠花，小琪有點擔心會不會影響到未來，難道自己會變成網路傳說中的月光族嗎？

▶診斷一下，你到底是賺太少還是花太多？

我們可以先從小琪的收入、支出、儲蓄、金流的問題來入手，去思考在不同階段可能面對的問題。

★ 小琪的年收入：

項目	收入類型	
	每月收入	年度收入
薪資收入	30,000	
年終及三節		60,000
年度總收入	420,000	

⑴以行政工作來說，小琪的收入及未來發展性比較受限，需要考慮是否發展技能、增進能力。若需要培養能力，要往哪個方向發展？又需要培養多久時間？

⑵除了培養能力外，是否需要撥出時間兼職，提高收入來源，降低支出上的壓力？

⑶小琪固定月收入跟年終獎金會有發放時間的落差，需要注意金流的運用。

★ 小琪的年支出：

項目	支出類型	
	每月支出	年度支出
飲食	8,000	
治裝、化妝		50,000
水電費	900	
房租	4,200	
通訊費	499	
交通、車輛保養	1,000	2,000
進修、書籍	500	
運動休閒娛樂	1,000	50,000
醫療保健		5,000
雜支	1,000	
紅白包、交際	2,000	6,000
公益		6,000
電子產品提撥費		20,000
所得稅		0
燃料使用費		450
勞健保	1,198	
保費		31,426
加總	**20,297**	**170,876**
個人年度支出	**414,440**（每月支出 ×12 ＋ 年度支出）	

⑴ 小琪尚有信用卡未償餘額 22,321 元，餘 6 期，每期支出 3,720 元，需要考慮因為分期的關係，遞延支出容易產生過度消費，侵蝕可以存下來的積蓄。

⑵ 小琪目前存款只有 5,330 元，並不足以支應其他意外變故，也沒有投資的承擔能力。

⑶ 如果要減少支出，可以排序哪些項目會是自己能優先減少的，評估完後可以少支出多少錢。

⑷ 在支出幾乎等於收入的情況下，無法累積儲蓄。這會影響未來任何目標的達成，如果不及早改善儲蓄率的問題，未來只好對各種目標妥協，如買房、退休……等。

▶ 擺脫月光族一定要知道的 4 件事

不變成月光族有個很重要的關鍵，那就是「**儲蓄**」，因為我們支出的價值觀基本上會維持，所以在儲蓄沒有辦法累積的狀況下，未來只要沒有收入，都可以評估儲蓄能供我們支出使用多久。甚至在收支打平、沒有儲蓄的情況下，最終可能面臨降低消費、目標妥協、不敢退休……等處境。

1 拆解「儲蓄＝收入－支出」的概念

這個觀念大家都知道，但其實這件事需要拆解來看：

⑴ 儲蓄是為了以後的目標及退休做準備（現在存的是為了

以後花的）。

　　⑵支出代表自己的消費價值觀跟習慣（消費會產生習慣，影響價值觀）。

　　⑶收入變化成長及退休影響都有時間性（每種收入的曲線不一樣）。

2　越早開始儲蓄，越有彈性打造適合的投資組合

　　越長期的目標（尤其是退休），在投資上我們就要更有承擔風險的能力；越短期的目標及支出，因為越容易動用錢，則較不適合以投資準備。

★ 10,000 元在不同投資報酬率及不同時間上的變化

年化報酬率＼時間	3 年	5 年	10 年	15 年	20 年	30 年
1%	10,303	10,510	11,046	11,610	12,202	13,479
3%	10,927	11,593	13,439	15,580	18,061	24,273
5%	11,576	12,763	16,289	20,279	26,533	43,219
7%	12,250	14,026	19,671	27,590	38,697	76,123

　　如果我們在早期就累積儲蓄，便更能彈性打造投資組合。因為投資報酬率跟時間都不可能無限上綱（投資報酬無限上綱是詐騙），但我們從上表可以看到，越早開始，報酬率可以透過時間

達到類似的效果,也相對來說比較不會影響財務(報酬率越低,通常波動風險越小)。15 年投資報酬率 5% 的組合,和 10 年 7% 的組合結果相近。

3 透過「金流收支管理」,釐清財務問題

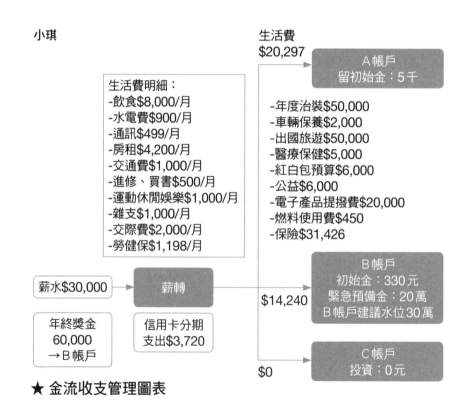

★ 金流收支管理圖表

小琪的狀況編制如上圖表。我們將小琪的收入支出用金流的

方式呈現，就會發現幾個問題點：

(1)小琪月生活開銷以 A 帳戶分配的話，發現每月常態開銷是 20,297 元；年度支出開銷以 B 帳戶分配的話，每月至少又存進 14,240 元，才足夠年度使用。**小琪每月收入 30,000 元，無法承擔這兩個帳戶預算，需要加計年終獎金存入 B 帳戶，才夠支出使用。因此還需要留意年終獎金，不能夠隨意消費。**

(2)因為尚有信用卡分期，需要注意是否要先兼職，減少支出。以避免因為使用分期支出，讓自己更習慣遞延支出，導致消費習慣惡化。

(3)小琪原本的存款只夠每月生活帳戶預備，並沒有儲備緊急預備金，也沒有為其他目標準備，**需要考慮財務規劃的 5 種調整方式，來制定策略，不然會一直存不下錢。**

(4)小琪目前的財務狀況不適合投資，因為如果開始投資，隨時可能因為金流不足或意外，而被迫賣出或贖回。

(5)運用金流圖的方式，可以知道什麼時候要支出多少錢、什麼時候錢要進來、不同階段的錢夠不夠用、錢不夠用的問題點是出在哪些消費。**這些問題都思考過後，我們才有標準決定自己想做的財務調整策略，也才能衍伸思考各種調整對自己的影響。**

4 考量 5 方式，做出最好的決策

(1)提高收入。

(2)減少支出。

⑶ 目標延後。

⑷ 目標減少。

⑸ 開始投資。

　　我們需要清楚自己的財務目標及財務現況，才有辦法制定調整策略。因為每個人的價值觀都不一樣，若使用了不適合的調整策略，不一定能夠執行得好。例如要小琪換工作，直接找一個月薪8萬的工作，就不見得是適合的調整。

　　剛剛我們也透過「收入支出表」及「金流管理圖」，了解了小琪的財務狀況及價值觀，這時就能針對 5 個調整方式去選擇，來做出自己最能接受的調整。

　　我們都希望每個人能將錢運用在自己想要的生活上，但是很容易忽略了機會跟時間成本，例如，做了一項消費的代價自己可不可以接受？有沒有足夠的時間調整跟累積？這不是一件容易的事，但我們可以開始用一些可執行的「收入支出表」及「金流管理圖」，來幫助自己釐清問題、制定策略，不再當一個月光族。

重點摘要

　　1. 運用「收入支出表」及「金流管理圖」找出自己的財務問題。

　　2. 了解儲蓄與投資的重要性。

3. 運用 5 個財務規劃的調整方式（提高收入、減少支出、目標延後、目標減少、開始投資），來幫助自己做好財務決策。

 思考練習

- 嘗試做出自己的「收入支出表」及「金流管理圖」，看看有沒有遇到什麼問題。
- 如果是你，你願意如何在 5 個財務規劃的調整方式下，排出自己的優先調整順序。

| 財商思維 |

到職第一天
就該知道的 2 件事

　　每次到了鳳凰花開的時候，畢業生們懷著各種複雜的情感，既期待又忐忑地邁向未知的職場旅程。這是一個充滿挑戰的階段，出社會踏入職場前，我們可以關注幾個財務問題，或許可以幫助你避免掉入一些職場陷阱，讓職場旅途更加順遂。

　　小明從大學畢業後，懷抱忐忑但又有點期待的心情進入一家新創公司。初入職場，他對勞保、健保及退休金等問題一無所知，只關心自己的薪水和工作內容。幾個月後，一次上班通勤時，發生了一場意外車禍，小明的家人跟他說可以申請職災給付，也可以嘗試跟老闆談談看有沒有什麼補償。

　　小明想，原來還可以跟公司反應，至少還有一些補償。但等到小明跟公司反應後才發現，原來他跟公司並沒有簽訂**僱傭契約**，而是**承攬契約**。以契約來說，他與公司之間並沒有僱傭關係，雇主對他沒有勞基法上的責任，小明也沒有勞保保障。

　　這時小明才意識到，原來公司沒幫他保勞健保，他也沒有勞工及勞保退休金。若是當初能早些了解這些問題，他一定會堅持

簽署僱傭契約，保障自己的權益。這段經歷讓小明明白，了解和管理自己的財務狀況是多麼重要，如果這都不清楚，就不知道怎麼捍衛自己的權利了。

▶ 學校沒教，但新鮮人不可輕忽的權益問題

❶ 勞健保、退休金問題

　　(1)勞健保是社會新鮮人踏入職場，開始被雇用工作一定會面臨的問題。註 1、2 提供「**勞工保險**」及「**全民健保**」級距供參考，只要你是受僱人員，雇主就有義務幫你保勞健保，而且這份責任是依據你的投保薪資，去計算雇主負擔的比例。勞保的保障範圍包含「**生育給付**」、「**傷病給付**」、「**失能給付**」、「**老年給付**」、「**死亡給付**」。因此，雇主有沒有幫員工保勞健保，會對員工的職場影響很大。

　　(2)退休金對一般勞工來說是雙軌制，有「**勞保退休金**」及「**勞工退休金**」兩個退休金，可以在退休後請領，兩者可以請領的條件不太一樣，註 1、3 的級距，就會影響到未來退休金的多寡。我們可以藉由一些方法，先估算出在不同時間、不同金額下，退休金的多寡與帶來的影響。

❷ 你和雇主是「僱傭關係」還是「承攬關係」？

　　前面提到的勞健保及退休問題，對勞工來說有一個很重要

的前提：**只要你是被雇主僱傭的員工，那雇主會對你有投保勞健保、提撥退休金的責任**。但這立意良善的制度，從雇主的角度考量，卻可能變成想要省經費的念頭。於是有的雇主想規避這些責任，最終跟員工簽訂承攬契約（請見註 4）。

這兩種契約最大的差異在於「**從屬性**」，從屬性有 3 個面向，包含「**人格從屬性**」、「**經濟從屬性**」、「**組織從屬性**」（請見註 5），只要符合這些面向，雇主都應該承擔僱傭的責任，而給予勞健保跟退休金的保障。所以我們剛踏出社會，如果發現在工作型態上高度從屬於雇主，就需要注意簽署的勞動契約內容，捍衛自己的權利。

▶ 培養財商思維，越早越好

開始踏入社會工作了，為什麼財務跟理財的問題越早了解越好呢？我們可以從 2 個角度思考這件事對自己的幫助：

1. **在財務上的認知能力不同，會影響我們做出來的行為，會不會帶給自己想要的結果**。例如開始工作了，沒有意識到僱傭及承攬關係的不同，覺得努力工作就好了，那萬一出了意外或者要請領退休金了，我們可以接受幾十萬到幾百萬的差距嗎？

2. **只要我們擁有的時間越長，就可以享有調整的彈性**。例如想要 65 歲退休，你今年的年紀是 60 歲還是 25 歲，在財務策略跟執行上，就會有很大的差異。時間越急迫對我們的壓力越大，

而且越不容易達成目標。

　　祝各位年輕的社會新鮮人，職場跟人生發展一切順利，提升自己的財商及財務知識，開始投資理財，迎接人生的各種挑戰。

重點摘要

　　1. 了解勞健保與退休金，確保自己在僱傭關係下享有基本的勞健保和退休金保障。

　　2. 辨別僱傭與承攬關係，確認自己的工作型態與簽訂的契約。

　　3. 盡早開始理財，充分利用時間的優勢，減少未來的財務壓力。

 思考練習

- 網路搜尋勞保局 e 化服務系統，查詢自己的勞保及勞工退休金。https://edesk.bli.gov.tw/me/#/na/login
- 確認自己與雇主簽訂的契約內容，是否有讓你疑惑的地方。

1. 勞工保險投保薪資分級表

勞工保險投保薪資分級表		中華民國112年10月16日勞動部勞動保2字第1120077361號令修正發布,自113年1月1日施行
投保薪資等級	月薪資總額 (實物給付應折現金計算)	月投保薪資
第1級	27,470元以下	27,470元
第2級	27,471元至27,600元	27,600元
第3級	27,601元至28,800元	28,800元
第4級	28,801元至30,300元	30,300元
第5級	30,301元至31,800元	31,800元
第6級	31,801元至33,300元	33,300元
第7級	33,301元至34,800元	34,800元
第8級	34,801元至36,300元	36,300元
第9級	36,301元至38,200元	38,200元
第10級	38,201元至40,100元	40,100元
第11級	40,101元至42,000元	42,000元
第12級	42,001元至43,900元	43,900元
第13級	43,901元以上	45,800元

資料來源:勞動部勞工保險局

2. 全民健康保險投保金額分級表

組別級距	投保等級	月投保金額（元）	實際薪資月額（元）
第一組 級距 1,200元	1	27,470	27,470元以下
	2	27,600	27,471-27,600
	3	28,800	27,601-28,800
第二組 級距 1,500元	4	30,300	28,801-30,300
	5	31,800	30,301-31,800
	6	33,300	31,801-33,300
	7	34,800	33,301-34,800
	8	36,300	34,801-36,300
第三組 級距 1,900元	9	38,200	36,301-38,200
	10	40,100	38,201-40,100
	11	42,000	40,101-42,000
	12	43,900	42,001-43,900
	13	45,800	43,901-45,800
第四組 級距 2,400元	14	48,200	45,801-48,200
	15	50,600	48,201-50,600
	16	53,000	50,601-53,000
	17	55,400	53,001-55,400
	18	57,800	55,401-57,800

	19	60,800	57,801-60,800
第五組 級距 3,000元	20	63,800	60,801-63,800
	21	66,800	63,801-66,800
	22	69,800	66,801-69,800
	23	72,800	69,801-72,800
第六組 級距 3,700元	24	76,500	72,801-76,500
	25	80,200	76,501-80,200
	26	83,900	80,201-83,900
	27	87,600	83,901-87,600
第七組 級距 4,500元	28	92,100	87,601-92,100
	29	96,600	92,101-96,600
	30	101,100	96,601-101,100
	31	105,600	101,101-105,600
	32	110,100	105,601-110,100
第八組 級距 5,400元	33	115,500	110,101-115,500
	34	120,900	115,501-120,900
	35	126,300	120,901-126,300
	36	131,700	126,301-131,700
	37	137,100	131,701-137,100
	38	142,500	137,101-142,500
	39	147,900	142,501-147,900

	40	150,000	147,901-150,000
第九組 級距 6,400元	41	156,400	150,001-156,400
	42	162,800	156,401-162,800
	43	169,200	162,801-169,200
	44	175,600	169,201-175,600
	45	182,000	175,601-182,000
第十組 級距 7,500元	46	189,500	182,001-189,500
	47	197,000	189,501-197,000
	48	204,500	197,001-204,500
	49	212,000	204,501-212,000
	50	219,500	212,001 以上

資料來源：衛生福利部中央健康保險署

3. 勞工退休金月提繳分級表

級距	級	實際工資/ 執行業務所得	月提繳工資 /月提繳執 行業務所得	級距	級	實際工資/ 執行業務所得	月提繳工資 /月提繳執 行業務所得
第1組	1	1,500元以下	1,500元	第7組	36	45,801元至 48,200元	48,200元
	2	1,501元至 3,000元	3,000元		37	48,201元至 50,600元	50,600元
	3	3,001元至 4,500元	4,500元		38	50,601元至 53,000元	53,000元
	4	4,501元至 6,000元	6,000元		39	53,001元至 55,400元	55,400元

	5	6,001元至 7,500元	7,500元		40	55,401元至 57,800元	57,800元
第2組	6	7,501元至 8,700元	8,700元	第8組	41	57,801元至 60,800元	60,800元
	7	8,701元至 9,900元	9,900元		42	60,801元至 63,800元	63,800元
	8	9,901元至 11,100元	11,100元		43	63,801元至 66,800元	66,800元
	9	11,101元至 12,540元	12,540元		44	66,801元至 69,800元	69,800元
	10	12,541元至 13,500元	13,500元		45	69,801元至 72,800元	72,800元
第3組	11	13,501元至 15,840元	15,840元	第9組	46	72,801元至 76,500元	76,500元
	12	15,841元至 16,500元	16,500元		47	76,501元至 80,200元	80,200元
	13	16,501元至 17,280元	17,280元		48	80,201元至 83,900元	83,900元
	14	17,281元至 17,880元	17,880元		49	83,901元至 87,600元	87,600元
	15	17,881元至 19,047元	19,047元		50	87,601元至 92,100元	92,100元
	16	19,048元至 20,008元	20,008元		51	92,101元至 96,600元	96,600元
	17	20,009元至 21,009元	21,009元		52	96,601元至 101,100元	101,100元
	18	21,010元至 22,000元	22,000元		53	101,101元至 105,600元	105,600元
	19	22,001元至 23,100元	23,100元		54	105,601元至 110,100元	110,100元
第4組	20	23,101元至 24,000元	24,000元	第11組	55	110,101元至 115,500元	115,500元
	21	24,001元至 25,250元	25,250元		56	115,501元至 120,900元	120,900元

	22	25,251元至 26,400元	26,400元		57	120,901元至 126,300元	126,300元
	23	26,401元至 27,470元	27,470元		58	126,301元至 131,700元	131,700元
	24	27,471元至 27,600元	27,600元		59	131,701元至 137,100元	137,100元
	25	27,601元至 28,800元	28,800元		60	137,101元至 142,500元	142,500元
	26	28,801元至 30,300元	30,300元		61	142,501元至 147,900元	147,900元
	27	30,301元至 31,800元	31,800元		62	147,901元以上	150,000元
	28	31,801元至 33,300元	33,300元				
	29	33,301元至 34,800元	34,800元				
	30	34,801元至 36,300元	36,300元				
第6組	31	36,301元至 38,200元	38,200元		備註： 一、本表依勞工退休金條例第十四條第五項規定訂定之。 二、本表月提繳工資／月提繳執行業務所得金額以新臺幣元為單位，角以下四捨五入。		
	32	38,201元至 40,100元	40,100元				
	33	40,101元至 42,000元	42,000元				
	34	42,001元至 43,900元	43,900元				
	35	43,901元至 45,800元	45,800元				

資料來源：勞動部勞工保險局

4. 僱傭及承攬條文

(1)民法§482：稱僱傭者，謂當事人約定，一方於一定或不

定之期限內為他方服勞務，他方給付報酬之契約。

(2)民法§490-I：稱承攬者，謂當事人約定，一方為他方完成一定之工作，他方俟工作完成，給付報酬之契約。

5. 勞動部勞動契約認定指導原則（資料來源：勞動部）

(1)人格從屬性：是從勞工的「工作時間」、「給付勞務方法」及「勞務地點」受到事業單位指揮或管制約束，「不能拒絕雇主指派的工作」、「勞工必須接受事業單位對其考核」、「必須遵守服務紀律及懲處」、「須親自提供勞務」及「不能以自己名義提供勞務」等8項要素進行判斷。

(2)經濟從屬性：是從「勞工不論工作有無成果，事業單位都會計給報酬」、「勞工無須負擔營業風險」、「勞工不須自行備置勞務設備」、「勞工僅能依事業單位訂立或片面變更之標準獲取報酬」、「勞工僅得透過事業單位提供勞務，不得與第三人私下交易」等5項要素進行判斷。

(3)組織從屬性：是從勞工須透過與其他人分工才能完成工作等；其他還包含勞工保險、薪資扣繳及相同勞務的勞工契約性質等參考事項。

—— 需求檢視 ——

終身醫療險和儲蓄險，都是必備的嗎？

小丘進入職場後，雖然常聽前輩、家人提醒保險的重要，但總覺得很麻煩，又怕多支出保費，所以一直拖延著。有天，幾年沒見的大學死黨阿智，突然相約要吃飯敘舊，便欣然赴約。

見面聊過幾句後，阿智提起自己去年住院時，幸好有投保，一些醫療費用都有保險補貼，便開始跟小丘介紹起保險。阿智強調，保險就是要年輕時買，老了就不用怕沒有保障。

小丘心想已經拖延很久的事情，既然好朋友提了，就跟阿智買吧。阿智先詢問小丘有多少預算，便依此規劃了一張終身醫療險。除此之外，暫時沒有理財計畫的小丘，每月存下的錢就只是放在銀行，因此也在阿智的建議下，購買了儲蓄型的保單。

▶ 終身醫療險好安心？當心因通膨縮水

保險是理財規劃中重要的一環，過往協助客戶盤點保單的經驗中，終身醫療險是常見的項目。除了像小丘一樣，是剛出社會

跟親朋好友買之外，也有不少客戶是父母在其年幼時就投保，甚至連客戶自己都不知道有保終身醫療險。

終身醫療險的特徵是，保額常以日額 1000、2000 元來表示，繳費期間 20 年，就可以終身擁有這項保障，這聽起來真的很誘人，對嗎？然而，羊毛出在羊身上，這類型的保費通常也不便宜，原因是保險公司精算過後，將我們年老時該繳的保費，一次濃縮在 20 年內繳完，當然所費不貲。

只是我們先想想，年輕的小丘繳了 20 年的保費，等到老年的時候，住院一天 1,000 元的保險額度，經過多年通膨後，會不會根本不夠塞牙縫？又或者在醫療科技更進步的未來，根本不需要住院？再進一步想，萬一小丘不幸英年早逝，這樣為了老年所做的保障，不就都付諸流水了？

其實**終身醫療險並非不好，而是不合時宜，而且投保後缺乏彈性**。過往終身醫療險推出時，是因為健保的給付高，每天有個 2,000 元理賠，就足以滿足需求；但現在健保財務壓力大，再加上通膨，每天 2,000 元可能連升等單人病房都不夠，這就是因為環境變化導致需求改變的例子。

▶ 儲蓄險能強迫儲蓄，或者搞得壓力山大？

至於儲蓄險，在過往股市不振、低利率的時代，可是相當熱門的商品，害怕投資的客戶，手上總會有不少張，每年保費高得

嚇人。

　　小丘購買儲蓄險的本意，是希望強迫自己儲蓄，但是剛出社會的收入如果不高，漸漸就會發現保費排擠了其他支出，繳費壓力好大，這就是沒有先考量財務狀況的結果。

　　然而，如果想在繳費期滿前解約，通常會有損失，中間如果遇上要結婚、購屋、購車等資金需求，又捨不得解約，只能硬著頭皮繳完。又或者，等到期滿要用錢時，才發現存的不夠多，這就是沒有設定清楚的財務目標所導致。

▶ 買了也無妨，可以這樣調整

　　如果手上沒有這類型的保單，未來購買時務必要三思而後行。但如果已經買了，可以怎麼做呢？每個人的財務狀況、保險需求不同，對於損失的接受程度也不同，做法不可能完全一樣。以下是我們顧問協助客戶調整保單的原則，雖然有點麻煩，但是能確保目前的保單內容，是符合自身需求與預算的。

1 釐清「當下」需求

　　先依照自身狀況，釐清身故、失能、醫療等狀況，會需要花多少錢，每個人的需求都不會一樣。以壽險為例，單身者或是沒有孩子、父母要撫養的人，壽險需求相對較低，此時就不需要投保太多壽險。

現有保單的處理方式不外乎：解約、減額繳清、續繳。至於採用哪種方式最好，還是要搭配個人財務狀況，以及損失接受程度，才能做出最合適的決定。舉例來說，**假如保費支出已經占了年收入的 30% 以上，明顯會壓縮其他支出，可能就必須要壯士斷腕，盡早解約，即使會有部分損失，也必須忍痛接受。**

2 先投保，再解約

經過上述的需求分析，如果必須新增一些新保單，有些舊保單則要解約，也千萬別急著動作，務必等到新保單都正式生效後，再將舊保單解約喔。除了會有保障的空窗期外，萬一新保單沒有成功核保，而舊保單卻已經解約，可能落得兩頭空。

3 定期檢視保單

最後，每個人的保險需求都會不斷改變，像小丘目前是單身，但是未來如果結婚生子，保障的需求絕對會大大增加。另外，外在的醫療環境、規範等也會不斷改變，所以保險絕對不是有買就好，買完就丟著不管，**務必要定期檢視保單是否仍然符合需求，才能將保費花在刀口上。**

▶ 買錯保險，比不買還可怕

經過一連串的盤點規劃、說明討論，小丘決定將剛投保一年

多的終身醫療險解約，將保費預算轉移到低保費、高保障的定期醫療險。而儲蓄險則是採取減額繳清，雖然會有一些損失，但是期滿時可做部分結婚基金之用。

調整後的結果，小丘年繳保費占收入的比重，從 21.5％ 大幅下降到 9％，不僅騰出不少資金做為儲蓄、投資等規劃未來的財務目標，也補足小丘真正擔心的失能、重大疾病的保障。

小丘回饋說：「保險有沒有買對，原來差異這麼大！」

> **66** 保險若要對夠好，
> 需求檢視不可少。**99**

重點摘要

1. **終身醫療險與儲蓄險未必適合所有人**：終身醫療險的保費高昂，且隨著通膨，未來的保障額度可能不足。儲蓄險雖有強制儲蓄的效果，但若中途解約會產生損失，且不一定能達到預期的理財目標。

2. **保險規劃需因人而異，並定期檢視**：每個人的財務狀況、風險承受能力和未來規劃不同，保險規劃也應有所差異。

3. **保險規劃應與整體財務規劃結合**：在規劃保險時，應考量收入、支出、資產負債等因素，確保保險規劃不影響生活品質，且能有效達到保障的目的。

思考練習

- 正在看本書的你，知道自己有幾張保單嗎？發生疾病或意外時，會理賠多少呢？建議可以先到壽險公會註冊會員，下載保險存摺，盤點一下自己的保單狀況喔！
- 壽險公會保險存摺：https://insurtech.lia-roc.org.tw/

第 08 堂

| 開始投資 |

投資新手進場前
該知道的入門知識

　　茉茉是一位剛從大學畢業的社會新鮮人，對財務的事情懵懵懂懂，對於投資股票的了解，只是從小聽長輩們提過而已。有一天她在咖啡廳跟朋友聊天，朋友說最近買了一支股票，短短幾週就賺了不少錢。茉茉心想，原來投資這麼好賺嗎？自己是不是應該開始學習投資，為未來做些準備？

▶ 投資股票就像當老闆，眼光要長遠

　　茉茉知道股票是一種「有價證券」，但具體是什麼，她還不太明白。於是，她開始做一些研究。研究後發現，股票代表著你對一間公司的部分擁有權，持有股票就像是成為公司的股東，可以分享公司的成長和交易市場帶來的收益。

　　同時，股東也需要承擔公司運作和經營上的風險。這讓茉茉明白，投資股票其實就像當老闆一樣，需要謹慎的決策，而不只是根據股價高低或市場消息來操作。

▶ 買股票怎麼賺錢？2種方式告訴你

茉茉接著思考，買股票是希望投資獲利，一筆錢現在投資進去不能動用，未來期待換來更多的錢。但怎麼讓錢變多呢？她發現，主要有兩種方式可以從投資股票中獲利：

1 依公司的股利政策發放的股利

股利有「現金股利」和「股票股利」兩種，現金股利是直接配給現金，而股票股利則是配給股票，讓股東持有的股票數量增加。然而，**股利並不一定代表真正的獲利，還需要關注公司的長期發展和怎麼用錢。**

2 股票上漲的價差獲利

股價雖然短期受到市場買賣雙方影響價格，但當公司發展良好，長期來看會帶動股價上升，股東可以透過賣出股票獲得資本利得。這讓茉茉明白，投資股票需要長期眼光，看重公司的未來發展，而不僅僅是短期的價格波動。

▶ 買賣股票有哪些成本？該怎麼算？

茉茉決定開始投資前，先了解一些基本原則。她認為既然投資股票有點像是當老闆，那就需要留意公司的發展，以及外在事

物對公司的影響是什麼。不能只受到股價或者消息的影響殺進殺出，需要建立自己的判斷標準與能力。例如，了解公司營運模式及架構、財務規劃、財報分析、總體及個體經濟分析、財務行為學的理解……等。

　　茉茉也了解了投資股票的相關成本，以台灣來說主要會有交易手續費、證券交易稅、證券交易所得稅及股利所得稅：

1 證券交易手續費

　　台灣證券交易手續費的公定價格為 0.1425％，買或賣都需要收取。但通常券商會給折扣（約 5～6 折），但有可能視條件或者比較大量交易，給予更優惠的折數。

　　★ 手續費＝每股股價×股數×0.1425%×折扣

　　例如：我買一張股票（台股多以張為單位，一張為 1,000 股），股價 10 元，券商折扣 5 折，那手續費是10×1,000×0.1425％×50％，為 7.125 元，未滿 20 元手續費，會以 20 元計收。但各家券商為了競爭，現在多開放盤中零股交易，不受這個低消手續費限制。

2 證券交易稅

　　台灣證券交易稅是 0.3％，但只在賣出時收取，這沒有談折扣的空間。

★ 證券交易稅＝每股股價×股數×0.3%

例如：我賣一張股票，股價 10 元，那證券交易稅就是 10×1,000×0.3%，為 30 元。

③ 證券交易所得稅

目前停徵，證券交易所得不課稅；證券交易損失也不能從所得稅扣除。

④ 股利所得稅

目前台灣的股利所得稅計算方式有 2 種，會在 5 月份計算綜合所得稅時，將去年度的股利收入一併納入計算：

(1)股利所得合併計稅（合併計稅），包含股利所得的綜合所得稅－（股利所得×8.5%）。

(2)單一稅率分開計稅（分離課稅），不含股利的綜合所得稅＋（股利所得×28%）。

原則上綜合所得稅級距未達 30%，不需要以分離課稅 28% 去計算股利收入。

▶ 開始投資前，先了解自己的目標與財務狀況

茉茉明白，投資是為了達成她的人生目標。因此，她先仔細

考慮自己的財務狀況和未來目標，如買車、結婚、買房和退休等。她制定了具體的財務計畫，包括生活費、緊急預備金、儲蓄準備、風險準備和投資準備，讓自己依據原本的想法去調整和執行。

1 生活費

考量每個月的花費及年度預算，若這筆錢沒有先考慮，做什麼事情都會受到影響。

2 緊急預備金

準備 6 個月的緊急預備金儲蓄，讓自己面臨疫情、失業、各種意外時，都還有緩衝，不被迫動用到其他金錢運用。

3 儲蓄準備

太短期的目標不適合以投資準備，越短期我們越難以評估可能事件及造成影響，這時去投資可能導致錢被迫無法使用。

4 風險準備

有些風險對人生影響不大，可以考慮自己用儲蓄準備，但考量到死、病、殘等對人生產生巨大影響的風險，我們需要使用保險轉嫁，但這種巨大風險的需求不是一成不變的，小孩的成長、貸款的減少、財務狀況的不同，都會影響到需求，我們需要考量

財務狀況及需求去思考保險這件事，甚至隨著越早開始做財務規劃，承擔風險的能力越強，有一天或許可以考慮不需要再由保險轉嫁風險。

5 投資準備

考量上面其他的金錢運用，餘下的才是能夠投資的閒錢，無論發生什麼事，你被迫動用的可能性很低，隨著時間累積，更能自主決定因為目標達成而選擇使用。

茉茉做了這些財務相關的研究後，發現要釐清財務及投資都是需要花心力及時間的事情，如果是像朋友買了股票就期待賺錢的心態，反而是很危險的，所以茉茉也打算依據這些計畫執行，並且定期檢視調整，不讓財務跟投資太依賴運氣。

重點摘要

1. 了解股票本質：股票代表你對公司的部分擁有權，投資股票需像老闆一樣謹慎做決策。

2. 買賣股票獲利方式：主要有股利和價差獲利兩種方式，需要關注公司的長期發展。

3. 關注買賣股票的成本：包括交易手續費、股票交易稅、證券交易所得稅和股利所得稅等帶來的影響。

4. 投資前的財務規劃：了解自己的目標和財務狀況，制定具體的財務計畫。

 思考練習

- 想一想，如果短期發生意外，你會需要把錢從投資裡面拿出來應對嗎？如果是的話，很可能這筆錢並不適合投資。投資需要使用閒錢，不要被迫賣出。
- 投資的決定是自己經過流程判斷，歸納總結出來的嗎？如果是憑直覺或者聽來的，那可能要小心。

┤ 報酬無限 ├

提升自己，
就是報酬率最高的投資

　　阿欣原本是金融業的新貴，有著算是穩定的收入，而且住在老家，沒有太多的開銷，是大家眼中的「勝利組」，其實是可以平穩過日子的。不過，喜歡冒險、具創業精神的阿欣，偶然聊到朋友正在開創的新事業，大感興趣。於是在朋友的邀約下，毅然決然辭去工作，加入朋友的公司，一同開創新事業。阿欣的能力出眾，雖然沒有出資，但是仍在公司擔任重要的營運與開發職務。

　　儘管新公司位於台北，但是為了完成夢想，阿欣仍然選擇北漂，暫時先跟朋友共同分租房子。雖然租金較便宜，但是位於新北的較偏遠地區，每天上班通勤花費不少時間，而且房屋較為老舊，居住品質不佳。後來阿欣交了女友，更希望有自己的空間，所以一直想尋找台北市內的租房，甚至有買房的想法，但是迫於公司新創初期，能給阿欣的薪資並不高，因此這個計畫遲遲無法執行。

　　屋漏偏逢連夜雨，不巧又碰上了百年一見的疫情，雖然公司

整體的營運已慢慢步上軌道，可是阿欣知道公司的財務狀況還沒有大幅好轉，把自己跟公司視為生命共同體的阿欣，遲遲不好意思跟朋友開口，提出增加薪資的要求。

延宕幾年後，隨著人生目標的逼近，結婚、生子等人生計畫迫在眉睫，雖然喜歡跟公司夥伴繼續打拚，但是如果與人生規劃有所衝突，還是會難以接受。

▶ 規劃與目標衝突時，該怎麼辦？

在某一年的周年檢視時，阿欣跟我提及了這個問題。其實過去幾年陪伴阿欣規劃財務的過程，我觀察到阿欣為了公司，相當積極地學習與成長，不論是在自己的專業技術，或是管理團隊、內部溝通等，都曾是我們討論過的話題。在一開始規劃時，阿欣對於公司充滿期待，因此設定了較積極的薪資成長率目標，然而在疫情的期間，薪資漲幅卻是靜悄悄，老實說我也是有點擔憂。

周年檢視時，阿欣跟我說，如果再過幾年年紀稍長，要再到其他公司尋找薪資相當的工作，就會越來越困難，也很難再從基層職員做起。所以這次希望能夠好好地跟朋友談談，若是談判破局，他也只好離開公司，還是得為未來的人生目標做打算才行。

其實故事說到這邊，不論後面的結果怎麼樣，我都很高興在這樣的討論過程當中，看到阿欣釐清了自己的價值觀。加入新創公司雖然是自己喜歡的事情，但是與人生目標有所牴觸時，他仍

然會選擇先顧好人生目標，畢竟成家也是重要的計畫。這也是我們一直強調的，**理財規劃的起點，是了解自己的現況與目標。**

▶ 最棒的投資，就是投資自己

於是，我跟阿欣重新盤點了未來的財務目標，並且試算出達成目標時所需的薪資水準，與未來的成長曲線。因為擔心未來一段時間，會不會薪資又進入停滯，因此我們設定了稍微高於所需薪資的目標，也比較有談判的籌碼。做好這些準備後，阿欣便鼓起勇氣去跟創業夥伴談條件。

幸運的是，因為過往幾年的戰功，創業夥伴也相當認同阿欣的市場價值。阿欣成功爭取到理想的薪資，不必在夢想與麵包間做選擇。

在外人的眼中，或許會覺得阿欣遇到了好夥伴、好老闆，而且公司成功熬過了疫情，他是個相當幸運的人。但是在我看來，阿欣的這一切並非僥倖，而是自己努力付出得來的。雖然有點晚，但幸好也不是太晚。

既然是財務相關的書，不免俗還是得來算一下阿欣的投資報酬。阿欣這次爭取到的加薪幅度，大約是每年 40 萬，阿欣目前 35 歲，預計在 65 歲退休。每年新增的 40 萬元，經過 5% 年化複利計算，30 年下來累積的金額高達 2,658 萬！

再者，有了這樣的薪資水平，才能夠再去爭取下一次的加

薪，成為下次談薪的基礎。

　　記得股神巴菲特曾經在一次股東會上，被一位年輕朋友提問了下面的問題：「在通膨的環境下，你會下注哪一家公司？」我試著用文字還原當時的片段：

　　巴菲特：「我要說的會是比買入單一公司更好的事。就是你必須要擅長某些事情，例如成為鎮上最厲害的醫生或律師，不論人們願意付你幾百塊或幾十億都好，他們願意用生產的東西來交換你的服務，例如唱歌或打棒球，這些是通膨帶不走的，而人們會持續拿東西跟你交換這項技能。」

　　「所以，最棒的投資就是投資你自己，而且這項投資是不用繳稅的！」（全場大笑）

　　這真是老掉牙的回答了，對嗎？所以我一定要再強調一次，這是股神巴菲特親口說的，大家才會認為是至理名言。

　　對了，我還忘了說，現在阿欣選擇在公司附近租房，每天通勤的時間減少 2 個小時以上，生活品質大大提升了，增加的薪資不僅足以負擔，他既能開始為結婚等目標儲蓄投資，又可以繼續陪伴公司探險、成長，阿欣對目前的生活相當滿意，這樣的投資報酬，更是無法用數字來衡量！

▶ 時間花在哪裡，成就就在哪裡

從狹義的投資來說，如果請大家舉出過往操作最成功的股票，應該會有各式各樣的答案，有可能是諸位航海王旗下的長榮、陽明、萬海，也可能是 AI 村長黃仁勳執掌的輝達。

其實阿欣對金融市場也有所涉獵，所以也蠻常跟我討論各種投資商品。但是「時間花在哪裡，成就就在哪裡」，阿欣花了更多的時間提升自己，成就公司，也成就自己，無形中成為了一生中難以再超越的投資。

> 66 投資商品，報酬有限
>   投資自己，報酬無限 99

重點摘要

1. **投資自己是最棒的投資**：提升自己的技能和能力，才是真正的致富之道，因為這些能力是通膨帶不走的。

2. **理財規劃的起點是了解自己**：面臨人生抉擇時，透過理財規劃，釐清自己的價值觀和財務目標，並據此做出最適合自己的決定。

3. **人生沒有奇蹟，只有累積**：剛開始的起步或許不起眼，但是未來將成長為巨大的一步。

思考練習

- 你有做投資紀錄的習慣嗎？有沒有印象讓自己賺最多的投資是什麼呢？
- 在目前的人生階段，有什麼可以投資自己的方法嗎？

逐夢踏實

辭職出國留學、打工，
會不會得不償失？

　　年約 30 歲的小琴，頂著國立大學畢業的學歷，出社會後就有著相當不錯的工作。年收入雖然接近百萬，在台北生活算是一般般，但是因為工作繁忙，沒有太多花錢的時間，主要的花費都用在每年出國兩次的旅費上。

　　不過，小琴之所以這麼熱愛出國，其實是因為心中仍懷抱著一個夢想：希望能夠到國外留學。開始工作後，每年就只能藉著兩次出國的機會，稍微一解自己的出國留學夢。只是隨著經歷增長，慢慢受到公司的重用，職位與薪水都越來越高，此時小琴反而開始擔心，會不會她的留學夢，永遠都沒有辦法完成了。

　　然而，小琴又面臨了另外一個難處：從小算是勤儉的他，工作幾年後好不容易有了一筆不小的積蓄。如果這個時候裸辭出國留學，就會把自己的積蓄通通花完，相當於財富歸零、重新來過，究竟在夢想與現實之間，她應該如何選擇呢？

▶ 逐夢之前，先勾勒具體的財務藍圖

小琴帶著這樣的困惑找上了我。身為一位二寶爸，對我來說大概沒有什麼好選的，但回想起年輕的自己，好像也曾經有過這麼一絲衝動，或許在另一個平行時空裡，我也正過著不一樣的人生。

在討論與規劃的過程中，當小琴堅定地說出：「留學是我的夢想！」同時眼中閃著光芒時，那樣的景象令我動容。經過設算勾勒小琴的人生財務藍圖後，可得知出國留學雖然花光了積蓄，但是如果回國後薪資水平能達到一定程度，只要延後 3 年退休，其他的人生財務目標如結婚、生子等，都不會被影響。

有了這個具體的衡量基準後，小琴勇敢做出「我願意」的決定！於是，小琴開始為出國留學做準備，像是申請學校、與原公司主管討論離職時間、離職前該存下多少錢、海外留學保險等等。雖然帳戶可能會花到一毛不剩，但是，小琴的心卻是安心踏實的。

不過這個故事並非一帆風順。小琴留學回國後，碰上了疫情期間的不景氣，一時間沒有辦法找到滿意薪資的工作，但是因為機會不多，只能且戰且走。經過一年的蟄伏，小琴憑著出國留學所累積的英文能力，再加上原本的專業，終於找到了令她滿意的工作，薪資也超過我們原本的預期。

這幾年財務陪伴的過程中，小琴曾經回饋：「你們的 Excel

表好強大！」小琴的意思是，每當她對人生旅程有新的想法時，顧問總能透過 Excel 表清楚呈現預想的人生藍圖，讓她得以衡量與做決策。

但我想說的是，強大的其實不是 Excel，而是她追求夢想的決心！是她的決心，讓 Excel 表上的數字，不再是空想，而是真實的人生旅程。

▶ 把資源放在最想要的生活，就是最好的規劃

再來看看另外一個例子：小倩的工作相當高壓、工時長，更慘的是薪資並沒有相當高。聽著朋友們出國打工、留學的經歷，讓她相當嚮往，不僅可以看到人生不同的風景，還可以存下錢，這對小倩來說是相當大的誘因。

身為獨生女的小倩，需要負擔家裡不少花費，原本的工作收入扣掉家用與基本生活費之後，所剩無幾，幾乎沒辦法存下任何錢。

小倩存錢的起心動念，就是為了能夠買下一間舒適安定的房，不用再租房，到處漂泊。當慣了月光族的小倩，擔心自己一下子拿到比較多的收入，人又在異鄉，會有出國旅遊的錯覺，不小心就會把打工度假的收入通通花光。在揮灑青春與家庭責任之間，小倩擔心自己沒辦法做出正確的決策。

雖然早就訂好了機票，也跟公司談好了離職時間，但是上述

這個問題卻一直困擾著她。某天她無意間上網搜尋到我們公司，看了許多文章，確定我們應該不是詐騙集團後，便留下資料，預約諮詢，本來其實也沒有抱著太大的期待。

還記得我第一次撥電話給小倩時，因為約的時間較早，小倩的作息似乎還沒調整過來，所以是在睡夢中被我的電話吵醒的。然而有趣的是，當小倩聽完我們的服務方式與流程，突然就像驚醒一般，堅定地告訴我，她想要進行這樣的規劃，此時距離她出國的時間已經不到一個月了。

不過小倩相當有執行力，在我交代財務功課給她後，我們迅速進行了需求訪談，也約好了在澳洲用連線的方式說明報告書。規劃後的結果，小倩可以清楚知道，自己在澳洲必須每週存下多少錢，這部分是為了買房的頭期款。實際執行的過程，我們也一起討論了，錢要先存在澳洲的銀行好，還是定期匯回國內投資。

一開始，看著小倩在 IG 分享各式各樣的體驗，雖然為她完成夢想感到開心，但是身為顧問，不禁也有一絲絲的擔憂：「錢真的有存下來嗎？」直到我們第一次定期檢視時，小倩開心地告訴我：「我每個禮拜都有乖乖存錢哦！」心中的石頭才慢慢放下，開心地聽她分享澳洲的一切。

記得在規劃討論買房的過程中，小倩曾經回饋：「或許我要的其實並不是一間房，而是**財務上的餘裕**，這會讓我產生更高的安全感。所以如果存到一筆錢，是不是要用來買房，倒是可以再說。」

很高興在與小琴與小倩的互動過程中，一起探索心中的想法，更有助於財務上的規劃。讓我佩服的是，即使我再年輕個十歲、二十歲，可能也沒有她們這樣的勇氣與決心。更珍惜有這樣的緣分，能參與她們的人生。

很多人可能會以為，理財規劃就是要想辦法省這個、省那個，存下來的錢多，才能早點財務自由啊！然而事實上，**規劃的過程是盤點人生當中的所有資源，找到各項目標的平衡，精準將資源投放在最想過的生活上。**

> ## 選擇「最幸福」的財務規劃
> ## 不是「錢最多」的財務規劃

以小琴和小倩的例子來說，如果要做「錢最多」的規劃，那麼就不應該出國留學、不應該在打工過程享受生活，要盡可能節衣縮食、存下最多的錢，但這樣的規劃，她們會快樂嗎？

當然，如果在入土那一刻，擁有許多財富會讓你感到最幸福的話，那麼選錢最多的規劃，就完全沒有問題。不論我們是否還年輕，都像小琴和小倩一樣勇敢逐夢吧！

> ## 理財規劃不是夢想的絆腳石，
> ## 而是墊腳石！

重點摘要

1. **理財規劃是個人化的**：每個人的財務狀況和人生目標都不同，即使是相同的夢想，不同的人也會做出不同的選擇。

2. **夢想與現實的平衡**：透過理財規劃，能夠更清楚地評估各種選擇的利弊，並找到一個平衡點，讓夢想與現實並行。

3. **理財規劃是夢想實現的墊腳石**：透過理財規劃，可以更清楚地了解自己的財務狀況，設定明確的目標，並制定出可行的行動計畫。

 思考練習

- 你心中是否有未完成的夢想？如果有，未能完成的原因是什麼？
- 不論現在的狀態如何，願意讓自己再年輕一次嗎？

| 退休預算 |

避免變成下流老人，
趁年輕就要這樣存退休金

小方是一個工業區的作業員，念完大學當完兵後，就一直努力工作。工作 5 年後買了人生第一台車，並在 30 歲時跟廠區的同事結婚，隔年生了一對雙胞胎。他們想要有一間自己的小窩，買了一間 3 房的大樓＋1 個車位及 2 個機車位。預計 65 歲退休，但退休前除了讓小朋友能夠唸個好大學之外，也希望每年能夠出國走走。

▶ 3 件事檢視，你存的退休金到底夠不夠？

小方家庭收入狀態及各種目標，其實跟台灣絕大多數人相似。透過下面三張圖表討論**收支、儲蓄、平均壽命**的問題，我們可以發現大多數人可能面臨相同的困境。

1 收入和收入成長是關鍵

我們來看目前台灣受僱員工全年總薪資中位數。因為**收入及**

收入成長，是能不能存下錢的關鍵，有些食衣住行的基本支出，其實不太容易調整，如果收入太低，要拼命節省支出是不太現實的。我們可以看到下表薪資中位數的增長，只維持跟通貨膨脹差不多的成長速度，雖然看起來收入變高，但生活支出其實也變高，並不太有實質的增長。

個人受僱員工全年薪資中位數表（單位：萬元）			
年度	總計	男	女
101年	44.2	47.9	40.1
102年	44.4	48.0	40.4
103年	45.4	49.0	41.8
104年	46.3	49.7	42.7
105年	46.4	49.7	43.1
106年	47.4	50.7	44.1
107年	49.0	52.1	45.6
108年	49.8	53.0	46.5
109年	50.1	53.2	46.8
110年	50.6	54.9	47.3
111年	51.8	55.7	48.1

資料來源：勞動部勞動統計查詢網

2 通膨不能忽略

　　再來看一下平均每戶家庭可支配所得、消費及儲蓄狀態。我們會發現國人收入跟支出成長的幅度差不多，儲蓄率大約都在20％出頭。雖說看起來存下的錢變多，但尚未實現的人生各項目標，其實也會隨著通貨膨脹成長，譬如現在一台100萬的車，10年後等值的車需要約120萬左右。因此，儲蓄金額這樣的成長速度，並未讓未來的目標實現更輕鬆。

平均每戶家庭可支配所得、消費及儲蓄表（單位：元）				
年度	可支配所得	消費支出	儲蓄	儲蓄率
101年	923,584	727,693	195,891	21.21%
102年	942,208	747,922	194,286	20.62%
103年	956,849	755,169	201,680	21.08%
104年	964,895	759,647	205,248	21.27%
105年	993,115	776,811	216,304	21.78%
106年	1,018,941	811,670	207,271	20.34%
107年	1,036,304	811,359	224,945	21.71%
108年	1,059,731	829,199	230,532	21.75%
109年	1,079,648	815,100	264,548	24.50%
110年	1,090,554	815,442	275,112	25.23%
111年	1,108,569	834,537	274,032	24.72%

資料來源：行政院主計總處

3 退休後餘命也得考量

內政部統計通報
112 年 第 32 週

111 年國人平均壽命 79.84 歲，較110 年減少 1.02 歲　　　內政部統計處
　　　　　　　　　　　　　　　　　　　　　　　　　　　112年8月11日

◎ 受 COVID-19 疫情及人口老化影響，111 年全國死亡人數 20 萬 8,129 人，較 110 年增加 2 萬 3,672人，其中 65 歲以上死亡人數 15 萬 8,737 人（占 76.27%）。

◎ 111 年國人平均壽命為 79.84 歲，其中男性 76.63 歲、女性 83.28 歲。由於死亡人數增加幅度較大、標準化死亡率上升，造成平均壽命下降，致國人平均壽命較 110 年減少 1.02 歲，其中男性減少 1.04 歲、女性減少 0.97 歲。

資料來源：內政部統計處

　　雖說最新的資料有受到疫情及人口老化影響，但目前台灣國人的平均壽命，男性大約為 76～77 歲，女性則約為 84～85 歲。這也表示，**如果我們 65 歲退休，至少還有 10 年以上到 20 年左右的餘命**。因此，我們還需要評估退休後餘命，推估至少準備幾年的退休金比較有保障。

4 綜上所述，評估財務缺口

　　收支、儲蓄、平均壽命的問題，讓我們發現了什麼？假設參考「平均每戶家庭可支配所得、消費及儲蓄表」，111 年家庭消

費支出是 834,537 元，每年可以存下 274,032 元。我們試想於 65 歲退休，如果以準備到 85 歲計算，還有 20 年的退休生活。因人的消費價值觀比較少有太大的變化（有的消費會有不同的週期，如小朋友長大後，可能會將省下來的錢轉為自己的休閒旅遊花費，因此可以用統一金額考慮），我們可以預估家庭消費支出 834,537 元×20 年，所以假定退休後至少需要 16,690,740 元（約 1,670 萬）。

而他們以 23 歲開始工作到退休約有 42 年的準備期，照每年可以存下 274,032 元的話，可以存下 11,509,344 元（約 1,151 萬）。這樣還有約 500 萬的**財務缺口，需要靠退休金準備去彌補。還需要考量各種風險，以及實際上通貨膨脹的計算**，以避免低估退休金的準備。而且，人生不是只有退休這個目標而已。

▶ 2 個關鍵，提前準備好退休金

為了避免快要退休時，才開始面臨退休金不足的問題，我們應該及早開始準備。準備退休金有兩個關鍵，**第一個是讓複利開始滾存；第二個是設定好具體的退休目標。**

1 複利滾存的變化

★ 每月定期定額 10,000 元，在複利報酬率 7% 下，不同時間累積金額的變化

時間 定期 定額	5年	10年	20年	30年	40年
10,000元	690,089	1,657,974	4,919,459	11,335,294	23,956,213
20,000元	1,380,177	3,315,948	9,838,918	22,670,589	47,912,427
30,000元	2,070,266	4,973,921	14,758,377	34,005,883	71,868,640
40,000元	2,760,355	6,631,895	19,677,836	45,341,177	95,824,854

　　如上表所示，如果 25 歲開始工作，每個月定期定額 1 萬元，投資複利報酬率 7% 的投資組合，預計 65 歲退休，累積 40年，可達到約2,400萬元。但如果是 35 歲才開始定期定額的話，到 65 歲退休只有30年，每個月定期定額需要 2.1 萬元左右，才能接近 2,400萬元，這也表示，晚 10 年開始投資，每個月需要多存 1.1 萬元。

　　我們要知道，每個月多存 1.1 萬元不單是數字問題，如果在收入很難大幅提升的情況下，每月要多存錢，就會排擠到現在的生活品質。所以**越早開始投資，承擔風險能力比較強，並且生活**

壓力也不會這麼大。

② 設定具體的退休目標

我們可以先運用記帳軟體，記錄一下目前生活的消費型態。接著，思考自己退休後的生活會有怎樣的改變，像是，有可能醫療預算要提高？治裝費用會不會下降？退休後會不會有幾年去哪個國家旅遊？諸如此類，就可以得出一個退休預算。

然後，再以平均餘命去計算，就會得出一個大致需要多少退休金的結論。我們再去設定需要多少報酬率的投資組合，及定期定額、單筆投入，才能達成目標。**如果無法達成的話，就需要開始調整收入、支出、目標，讓自己從中取捨現在與未來生活的平衡**。

因為人的價值觀比較少有南轅北轍的改變，所以不用擔心數字是否得精準，我們可以每年定期重新思考這些問題，如果發現有些價值觀及消費產生變化，都還有時間調整。也會隨著每一次的思考及調整，越來越清楚自己想要的生活到底是什麼樣貌。

重點摘要

1. 個人退休金考量需要從生活型態、收支、儲蓄、平均壽命出發。

2. 開始記帳計算自己消費型態，大致估算退休金需要多少

金額。

 思考練習 ----------------------------

- 思考自己退休後會過著什麼類型的生活？
- 想想看退休後，在身體健康與不健康的狀態下，花費
  會有哪些地方不一樣？

┤ 理財規劃 ├

沒錢才更要理財！
這不是有錢人的專利

常常有人以為，當收入比較高、比較有積蓄時，才需要開始理財，這個問題我也常被問到。前陣子已經出社會 5 年的阿明來問我，他對未來有點擔憂，又覺得即便已經工作了一陣子，好像還是沒什麼財可以理。

阿明每天辛苦地工作，每個月薪水一下來，就被各種租金、吃喝、交通、保費、孝養費⋯⋯扣得差不多了，根本存不下什麼錢，哪來儲蓄能夠為未來準備？就好像有句閩南語諺語說的：「生吃都不夠，攔有通曝乾？」阿明也說：「雖然快要 30 了，大家都在討論成家立業，但我已經不敢想買房了，只敢想下一頓吃什麼。」

▶ 沒錢才更需要理財，計畫未來

我回覆阿明：「**理財不是有財才來理它，而是你理它後財才來找你**。若很多事連想都不敢想，你怎麼設計出達成目標的路徑

呢？如果你只關心今天吃什麼，那麼結婚、生育、教養、買房、買車、退休這些問題，會從你面前消失嗎？」

其實**沒有錢時才更需要理財規劃**，因為規劃是為了找出無法達到理想生活的原因，並重新設計路徑，來達成目標。也能讓我們更清楚，自己到底想要什麼生活，並因為清楚了想要的生活樣態，遇到狀況或意外時，才更知道怎麼調整及應對。

▶ 破除 3 迷思，培養理財力

1 理財規劃就是買金融產品或投資標的嗎？

許多人以為購買金融產品或投資就是理財，其實並不是。**我們買東西的目的，都是想要解決問題或者滿足期待**。買金融產品或投資標的最大問題點是，我們沒有真正釐清買這個要幹嘛？能解決什麼問題？它是用什麼方式去解決的？這不像買日用品一樣一目了然，而是充斥著專業，並伴隨資訊不對稱的環境。很容易買到我們不需要，也不是真正想要的東西，最終除了體驗不好之外，還發現想要達成目標的問題根本沒有解決。

2 財務規劃只適合有錢人嗎？

有錢人是靠著規劃跟避稅才越來越有錢？有錢人因為某些目的，如傳承、移轉做出決策，變得越來越富有，因而讓許多人誤以為，那就是理財規劃的全貌。其實財務規劃能做到的事很多，

像是分析如何變有錢、滿足生活的做法、可被複製的型態等等。
「理財規劃」不是有錢人才需要，而是要規劃讓自己變有錢。

③ 自己知道該怎麼做理財規劃嗎？

很多人說自己有在理財、投資、規劃，其實多半只是在討論工具面的問題，不容易做出正確的評估、分析，判斷決策對自己的影響，因為只是期待買的東西好不好，不知道買的東西跟自己目標的關聯性，每每等到不想要的結果發生後，才開始覺察問題及想要避免，但失去的機會成本跟時間成本，可能就流逝了。

畢竟金融產品等工具，就像是我們看醫生會吃的藥，有可能有人跟你說他的藥很好，你就買單嗎？前提是我們要知道為什麼要吃這個藥？怎麼吃？可以治療我的疾病嗎？有能力判斷這些問題需要具備專業，以及有一套判斷事情的邏輯與方法論，就像醫師、律師、會計師所具備的專業知識、能力。

▶ 掌握 5 觀念，不再為錢惱

① 沒有錢才更需要規劃

因為**理財規劃要解決的是，為什麼金錢會無法滿足自己生活的問題。**

② 金錢帶來的問題是環環相扣的

　　沒有錢不只是金錢的問題，還攸關我們的價值觀產生的影響，例如喜歡購物、追劇、想要買什麼車子或房子。**價值觀影響行為，行為影響習慣，習慣影響一生。**

❸ 理財就是製作通往目的地的地圖

　　金錢是換取我們想要生活的媒介，我們不是喜歡錢這個東西，而是錢可以帶給我們想要的。因此需要規劃、了解自己的目標與現況，確立想要的生活型態，藉此調整財務狀況。理財規劃是製作通往目的地的地圖，我們才能依此設計自己的理想生活。

❹ 財務規劃要不斷優化

　　當我們迷路時，地圖就顯得很重要了。我們最在意的其實不是沒有錢，而是無法得到錢能換成的東西。就像人生若沒有地圖，我們就容易迷路一樣，不知該何去何從。所以勾勒出自己的地圖，不斷優化想要的版本，就變得很重要。不然連自己想要去哪裡都不知道，那到底該怎麼去呢？

❺ 將目標勾勒出具體模樣

　　財務規劃是**將自己想要達成的目標，勾勒出具體的模樣。**有些生活型態及目標，不先具體化的話，不一定能知道是否是自己想要的。我有很多客戶都是在思考過程中，覺察到自己在意的生活與目標的優先順序。有句話我們常聽到：**選擇比努力更重要，**

但其實有辦法去選擇才是關鍵。

總而言之，理財規劃不是有錢人的專利，而是所有人的權利。每個人都有機會抵達自己想要的目標，完成夢想。

重點摘要

1. 破除理財規劃的 3 大迷思，不要汲汲營營把時間花在選擇投資標的上。

2. 回顧理財規劃 5 個重要觀念，錢沒有不見，只是變成我們想要的樣子，我們需要注意錢變成的東西，最終真的是自己想要的嗎。

 思考練習

- 思考錢變成什麼自己喜歡的樣子。你有將錢變成的東西，拿來跟其他喜歡的目標比較過嗎？譬如每個月花 5,000 元玩遊戲跟每年能出國一趟，哪個更重要？
- 如果有個人一直跟你討論要買什麼標的（投資、保險），而不是探討這些事對你人生的影響及判斷方法，請遠離他。

第 **2** 章

雙薪爽度日？
當心暗藏財務隱憂

談錢說愛

伴侶要談錢，
才走得長遠

妻：「一定要開××牌的車子嗎？不可以開個簡單代步的車就好嗎？」

夫：「可是××牌車子安全性能又好，而且我們還負擔得起，沒問題啦！」

妻：「我們每個月要繳這麼多房貸，這樣可以嗎？就叫你少玩手遊，不要一直課金了……」

夫：「妳還不是常常做醫美，為何要剝奪我娛樂的權利呢？」

上面的夫妻分別是小文與小君。自從轉職顧問以來，類似場景常常在與客戶面談的過程中發生，上面的溝通對話已經算是相當平和的了。

我是在 2019 年認識小文和小君的，當時是小文主動聯繫我，並帶著小君一起來諮詢財務規劃。他們家裡的財務主要是由小文打理，包括各項投資、房貸等等事項，而且他也做得興味盎

然。反觀小君，就對數字不大在行。

　　2019 年，因為一時衝動，他們下訂了一間喜歡的房子。然而，精明的小文事後才發現，貸款成數不如預期，他仔細一算，覺得未來每月財務可能會透支，還款的壓力會非常大，造成他晚上睡不著覺，半夜上網搜尋財務顧問，因此我們才有了相遇的緣分。有趣的是，小君並不太清楚家裡的財務狀況，所以才會出現上面那段對話。

　　結婚是人生大事，能找到相愛的另一半，相當不容易。然而，結婚前除了溝通餅要吃多少、蜜月要去哪裡，更要溝通好彼此的金錢價值觀，才能走得長長久久。以下三件事，建議步入婚姻的愛侶們，務必要盡早溝通、建立財務上的共識喔！

▶ 各自的收入、支出、財產，如何分配？

1 收入安排

- 兩個人的收入，各自打理或是統一管理？
- 該各自提撥多少收入，作為家中的公用基金？
- 當一方沒有工作（轉職或留職停薪），收入缺口如何填補？
- 其中一方辭去工作專心家務，是否也該領取一定的薪水？

2 支出安排

- 家中的支出預算如何訂定？（金額小的如外食、治裝、交

通等費用，金額大的如年度旅遊、家電等）

- 未來要買房還是租房呢？房貸或租金該如何分配？
- 想生育孩子，該準備多少教育費用？

3 財產安排

- 採用夫妻財產共有制，還是分開？
- 婚後的財產，例如房屋，登記在誰名下？

以小文和小君的狀況為例，家裡財務主要由小文處理，小君只要提款卡能領出錢、信用卡沒刷爆，就持續依照自己的方式花錢。反而是清楚狀況的小文，知道買房後得稍微控制一下支出，兩人的資訊有落差，就容易產生爭吵。

另外，在規劃的過程中，小文和小君才發現，原來他們對於孩子教育金的想法有很大的落差，小文覺得高中畢業後就讓孩子獨立，小君則堅持要幫孩子準備讀完碩士的費用。雖然他們目前還沒有孩子，但是透過規劃，也更了解彼此的想法了。

▶ 當你不再是一個人，凡事多考慮另一半

結婚是兩個家庭的結合，婚前給父母多少孝養費，完全可以由自己決定。但是結婚後該怎麼給呢？另一半是否會有意見？

除了一般的孝養費，當父母身體出狀況，需要大額醫療費

時，該怎麼辦？甚至遇上詐騙集團，退休金沒了大半？除了父母外，甚至會有需要資助兄弟姊妹、親朋好友的情況，都務必先溝通好彼此可以接受的範圍與金額。

通常這時也會遇上**價值觀磨合**的問題，究竟資助多少叫做「多」？20 萬還是 200 萬？如果開口的是表親或是好友，要不要幫？這些都是沒有對錯的價值觀問題。記住，從今以後，你不再是一個人，必須多多考量另一半的感受。

▶ 至少一年一次，共同檢視財務狀況

如果是其中一人總管財務，往往代表另一半可能不太清楚整體的財務狀況。可以約定好每隔一段時間，由管理者編制一份簡易的家庭財報，讓另一半了解，並且重新凝聚共識。小文和小君就是最好的例子，小君相當信任小文，也覺得若是過問太多，就是不信任小文，結果就是小文一人獨自承受壓力。

如果是各自打理財務，就更需要定期了解彼此的財務了。如果你們已約定好一起存買房頭期款，但另一方把錢拿去做醫美或是課金，至少可以及早發現，重新商量解決的方法，或是調整家庭的支出預算。

請夫妻彼此切記，**充分揭露並不意味著干涉，反而是建立財務信任的開始**。然而，**越是親密的伴侶，往往越不敢談論財務**，深怕擦槍走火，無法維持和諧的氣氛。又或是談到錢就互不相

讓，最後乾脆避談財務問題。

小君：「雖然財務對我來說還是有點複雜，但在共同討論、規劃的過程，我更清楚知道小文在做些什麼，也會更安心。」

小文：「其實實際執行、資金調度都還是由我處理，但是現在多了兩個人（指小君跟我）可以討論，感覺壓力小了很多。」

重點摘要

1. **夫妻溝通的重要性**：婚前就應就收入分配、支出預算、財產規劃等方面達成共識，避免婚後因金錢問題產生爭執。

2. **與家人的財務界線**：夫妻應共同決定對父母及其他親友的資助方式，並在婚前就建立共識。

3. **定期檢視財務狀況**：夫妻應至少每年檢視一次家庭財務狀況，並根據需要調整財務計畫。

 思考練習

- 我們家裡的財務，主要是由誰處理？
- 夫妻間對於大額花費的決定，會如何討論？
- 最近一次和伴侶談到錢，或是對於未來的用錢規劃，是什麼時候呢？

| 落實記帳 |

就算收入大於支出，仍然要記帳

　　小嘉夫妻都是 30 歲的上班族，他們是公司的同事，工作及收入都算蠻穩定的，因為最近終於步入了人生禮堂，他們想婚後有許多會花到錢的地方，應該開始記錄一下財務狀況，以避免有問題都不知道。

　　一開始他們決定從朋友推薦的記帳開始，利用手機 APP 詳細記錄每一筆支出，從每月的房租、水電費，到日常的餐飲、購物開銷……等，記錄得鉅細靡遺，甚至還會在月底仔細檢查每一筆支出的用途。

　　剛開始，小嘉夫妻覺得記帳很有幫助，讓他們清楚知道錢花在哪裡，並且避免不必要的浪費。然而記帳記久了，好像也就是個紀錄，頂多提醒自己有沒有哪些花費太高了，他們覺得只要收入比支出高，似乎就沒什麼問題了。不過他們也有其他困惑，雖然有記帳，也有存錢，但存款增加的速度感覺還是很緩慢，也常有一些意外支出，把好不容易存下的一些錢又花掉了。這種狀況，讓小嘉夫妻對未來產生不小的擔憂。

▶不只是「記錄」，記帳更是一種「計畫」

記帳的意義是幫助我們了解自己的財務狀況，並能協助做出財務上的決策，落實財務上的管理及達成想要的財務目標。所以，記帳帶來的效果主要有以下 7 種：

1. 了解財務狀況。
2. 加強財務意識。
3. 覺察財務問題。
4. 控制消費支出。
5. 制定消費預算。
6. 達成財務目標。
7. 減輕財務壓力。

但是記帳這件事，如果只是不斷地記錄收入跟支出，執行久了以後，雖然會發現自己有哪些收入跟花費，但因為不知道該怎麼控管，最後就像在記流水帳一樣，只是一個紀錄，找不到持續下去的意義。

▶覺察→調整→管理，3 步驟發揮記錄最大價值

記帳需要運用 3 個步驟，流程化地去執行，才能避免只是淪為記錄的動作。我們一開始要先了解「**消費價值觀**」，再來要執

行「**收支調整**」，最後再落實「**預算管理**」。這樣才有助真正意識到財務上的問題，並且以自己可以接受的方式來調整。多數人記帳只達到開始了解消費價值觀（不代表已經很清楚消費價值觀了）的效果，但無法落實收支上的調整及預算式管理，那麼這3個方法該如何執行呢？

Step 1 覺察消費價值觀

　　覺察消費價值觀是指，我們能夠**有意識地認知消費行為背後的價值觀、動機及產生的影響，並了解自己做出的不同消費選擇，反映出哪方面的需求或者信念。**當我們想要購買某個東西，是因為情感上的因素？社會認同的壓力？還是仔細思考過的理性決定呢？

　　例如，思考為什麼買車需要買雙 B，而不是國產車就好？為什麼常常吃一頓飯都要選餐廳，而不能接受吃自助餐？為什麼每年都想去歐美旅遊，但不太能接受只在亞洲或台灣旅行呢？記帳可以幫助我們思考消費背後的價值觀，進一步理解對財務的影響。

Step 2 執行收支調整

　　因為每個人的價值觀都不同，對於每項選擇的優先順序也不一樣，有些人堅持車子要進口的，有些人認為飲食花費不能省，有些人重視旅遊的頻率與次數。所以我們要開始學會辨識這些事

情的優先順序，排出哪些是「**想要**」、哪些是「**需要**」、哪些是「**必要**」的花費。

如果以車子來舉例，「想要」可能是保時捷 911；「需要」是滿足家庭接送或長期通勤的車輛；「必要」可能就只是能安全代步的車輛，甚至發現自己並不需要買車（以上行為除了買車的價錢外，也影響到持續性的支出）。

當我們從這三個方向下手，會發現比較容易分類，因為最基礎、需要被滿足的消費是「必要」範圍內的，再來才是「需要」跟「想要」。將消費分類完之後，就可以列出心中的優先順序了，接著可以開始嘗試，將哪些項目「取消」、「延後」、「減少」。這些調整會對生活及目標產生影響，試試不同的調整方式及優先順序，看看能否讓自己對生活更滿意。

Step 3 做好預算式管理

人生資源有限，在哪個地方花得比較多，就代表另外能投注的資源變少了，因此我們可以把自己當成公司一樣，在一定客觀的範圍內，做好**預算式的管理**。

當我們藉由上面流程，確定一個較適合的收支調整及優先順序後，就可以將它編列成預算。讓財務漸漸往比較理想的方向改變，養成消費新習慣。接著，定期檢視財務狀態的變化，讓行為符合自己想要的生活（這裡可參考第一章第五節〈這樣儲蓄＋投資，職場小白不吃土〉的「金流收支管理圖」的應用方式）。

　　落實以上 3 步驟，才不至於讓記帳變成只是記錄。不是只要收入大於支出就好，我們還需要考量人生目標及生活品質，是不是能達成或符合自己的需求。因為錢一旦花了，之後才發現自己有更在意的人事物，這時可能就來不及了。

重點摘要

　　1. 記帳帶來改變財務狀況的 3 個步驟：「覺察消費價值觀」→「執行收支調整」→「做好預算式管理」。

 思考練習

● 在「執行收支調整」的環節，我們嘗試排排看自己「想要」、「需要」、「必要」三個範圍內的支出各有哪些？列出心中的優先順序，然後調整看看收支及儲蓄會帶來什麼變化。

| 毛孩花費 |

萌寵也是家人！
陪牠走完一生要花多少錢？

　　現在人養寵物的比例越來越高，尤其又以貓跟狗為大宗，我們服務的很多客戶，都有考慮寵物照顧的計畫及費用，這仍然是一筆不小的花費，而且也會耗費許多時間跟精力。想養寵物這件事，連財務顧問們也不例外。我們也有兩隻可愛的萌貓──小定、小方，最後我們還把兩隻貓的形象做成貼圖。

**定方吉祥物
金錢特務貓貼圖**

左下小方、右上小定

我們的一生或許會有許多寵物陪伴，但寵物的一生就只有我們了，所以更應該好好珍惜彼此相處的時光，也慎重考慮因此產生的花費，不要因經濟上的壓力讓這段關係蒙上層灰。

▶ 寧願養毛孩，也不願生小孩的趨勢

根據聯合國《2024 年世界人口展望修訂版》估計，台灣 2023 年的生育率為 0.87（國發會《人口推估查詢系統》的數據相同），也就是說，平均一個女性一輩子只生 0.87 個小孩，**穩居世界倒數第二**（以下列出生育率較低的國家：義大利 1.20、希臘 1.33、芬蘭 1.28、立陶宛 1.20、西班牙 1.21、烏克蘭 0.98、波多黎各 0.94、中國 1.00、日本 1.21、新加坡 0.94、南韓 0.72）。在現今台灣人的價值觀中，因為考慮高房價、低薪等經濟因素，對生小孩的決定漸漸變得謹慎。

人天生不喜歡孤獨，並且在意陪伴，於是寵物就成了另一個選項，親人的毛小孩更是其中首選。根據農委會寵物登記統計，111 年底貓狗合計登記數量已達 222 萬隻，其中狗狗有 140 萬隻、貓咪為 82 萬隻。

因為居住環境改變（居住結構由透天轉變為大樓），需要空間及陪伴外出的狗狗登記數，雖近 2 年維持不變，登記數皆在 10 萬左右，但貓咪登記數在 2021 年為 11.5 萬，2022 年為 13.2 萬，反超狗狗的登記數，結構占比開始反轉。

▶一張表告訴你花在哪、花多少

既然毛小孩的陪伴對我們越來越重要，那在毛小孩的一生當中，會花到哪些費用呢？照顧毛小孩最大的花費來自於**生活開支**及**醫療費用**，除了常規的費用之外，仍有許多突發及一次性的費用。雖說因為品種、照顧的方式，以及貓狗體型的差異，會導致費用上有點不同，例如：狗的支出費用通常高於貓、體型大的支出費用通常高於體型小的，但主要還是**第一年的一次性支出費用，以及生涯末年的照護費用，會拉高照顧毛小孩的支出。**

階段項目		哺乳期（0～2月）		幼年期（2～12月）		成熟期（1～7年）		熟齡期（7年～）	
		貓	狗	貓	狗	貓	狗	貓	狗
一次性費用	晶片			300					
	登記			500～1000					
	結紮			1500～3200					
醫療	疫苗			1800～3000（3劑）		6000～12000/年			
	健康檢查	3000～10000/年							
伙食	飼料			6000～12000/年					
	鮮食、零食、保健品			6000～12000/年					
生活用品	固定用品	1000～15500							
	消耗品	6000/年							
清潔用品	寵物美容			0～10000/年					
	消耗品	1000～2500/年							
其他	寵物奶粉	3000		0					
	寵物險	1000～3000/年							
	喪葬費	1500～30000							
	額外醫療	500～數萬元							

資料來源：定方財務顧問團隊製表

照顧貓狗的平均年花費，約落在 3 萬～8 萬之間，當然每一隻的花費會有些落差，但如果以概況考量，壽命以 15 年估計，假設前 10 年為健康狀態，平均每月費用是 4,200 元，每年費用

以 5 萬估計；後 5 年可能需要考慮醫療照顧，除了每月 4,200 元日常支出外，保守考量的話再抓一筆每年 5 萬的醫療預算，每年費用以 10 萬估計，這表示**好好陪伴一隻貓／狗一生的費用，大約在 75 萬～100 萬。大約 5～7 隻貓／狗的支出費用，相當於照顧一個小朋友到大學畢業的費用。**

★醫療費用的轉嫁
每隻毛小孩的身體狀況都不同，我們可以用每年1～3千元的確定支出，購買寵物保險，來轉嫁突如其來的數萬元醫療支出。

▶ 審慎評估再決定，當個負責的家人

我們既然會把貓狗稱作毛小孩，就表示重視貓狗的陪伴與相處，就像對待小孩一樣，在這樣的認知下，伴隨而來的，當然還有我們對毛小孩的責任。文中提到毛小孩的花費，約等於照顧一個小朋友到大學畢業的費用，可見一隻毛小孩在一生中約75萬～100萬的支出，也不是一筆小數目。

我們不能只因一時衝動或覺得毛小孩可愛，就做了領養的決定，萬一自己的財務狀況有壓力，難道只能被迫改變對毛小孩的照顧方式嗎？甚至有的人不得不請求協助，或做出送養的決定。

這對我們自己和毛小孩來說，都是很殘忍的事！

　　很多支出的考量其實可以事先預估、判斷，讓我們更清楚，養毛小孩會對現在及未來產生什麼影響，如此才能更全心全力地愛著牠們。

小定　　　　　　　　　　　小方

重點摘要

1. 了解台灣人生育率的下降，以及養寵物比率的上升。
2. 知道養貓狗的基本花費及項目。

 思考練習

- 自己想要養什麼寵物呢？
- 是否因為寵物的種類、品種不同，想過可能的花費有多少呢？

| 買房大事 |

除了頭期款，
買房還有哪些隱形成本？

　　阿杰與我在 2019 年相識，當時新婚的阿杰有著穩定的工作，雖然常聽人家說要買房置產，但是對他來說，並沒有非常足夠的動力。儘管如此，在進行全生涯財務規劃時，阿杰還是將買房這件事放進人生目標中，而且給自己設定 1 年內要完成。

　　我問阿杰為何這麼做？阿杰說：「我希望這麼做，可以督促我完成買房這件事。」但是規劃完成後，阿杰並沒有非常積極地開始找房子。

　　2020 年年中，適逢疫情，不管是股票或是房地產市場，都有相當高的不確定性。我除了鼓勵阿杰加碼投資之外，也請他開始多多留意中意的房子，此時通常是適合買家出手的時機。這次阿杰聽進去了，他開始搜尋、看房，並且鎖定目標，準備出價。

▶ 事前規劃，堅守買房預算的底線

　　後來阿杰跟我分享，當他下了斡旋跟屋主談的時候，原本已

經出價到 1,000 萬元，但是屋主還是一直希望阿杰加價。

　　阿杰：「其實我本來是想再加價上去的，因為真的蠻喜歡這個房子。但當時想起我們規劃時設定的預算是 980 萬元，再加上 20 萬，已經是把添購家具的預算都加上去了。如果屋主還要我加價，我也只好忍痛放棄了。沒想到僵持了一陣子，屋主可能覺得我真的沒有空間了吧，所以就成交了。」

　　對阿杰來說，因為有事先做過規劃、擬定預算，讓他得以堅守底線，感覺好像省了一大筆錢似的。每次聽到客戶這樣回饋時，身為顧問心中不免有一絲絲的得意，算是一點小小的成就感吧。

　　雖然很高興買下了人生的第一間房，但是在財務上還有接踵而來要考量的部分，我再一一詳細跟阿杰說明。

▶不只是房價，還要考量延伸費用

　　買房不只是房價，**延伸的費用還包括一次性的費用與持續性的費用**。一次性的費用像是仲介費、契稅等交易費用，銀行貸款也會有開辦費用等等；持續性的費用則包括房屋稅、地價稅、管理費等等，而貸款的銀行通常也會要求我們為房子投保住宅火險。這些事項網路上都容易搜尋得到，在此就不多提了。

　　另外從財務的觀點來看，**比較容易忽略的是房地合一稅**，畢竟不是當下會發生的稅費。舉例來說，如果在 10 年內有換房需

求，就要注意是否會有房地合一稅的問題。**如果滿足自住連續滿6 年以上的條件，就可以有 400 萬的免稅額度**，對大多數的自住需求來說，應該相當夠用了。另外，如果房子是由小換大的話，也還有重購退稅等優惠，這些也都是要留意的地方。

　　不過稅務的問題相對更複雜，建議還是找專業人士諮詢後，再做相關的決策。

▶ 房貸壽險一定要買嗎？

　　第二個要檢視的會是壽險保障需求。畢竟，如果我們心愛的家人都住在這個房子裡，一旦負擔房貸的經濟支柱突然發生意外，失去了收入來源，難道忍心看著家人被迫搬離嗎？

　　所以現在申辦房貸時，銀行也會詢問是否要購買**房貸壽險**。阿杰購屋後，由於另一半的收入比阿杰低，如果少了阿杰的收入，是難以負擔貸款的。從這點來看，阿杰確實「可能」有房貸壽險的需求。不過先別急，我們來看看以下 2 個情境：

　　⑴ 若阿杰不幸身故時，那麼妻子就把房子賣了，回到娘家去住。賣掉的房子價款扣除掉貸款後，剩下的錢就給妻子繼承，減輕她的生活負擔。這個情境下，房貸可由房子本身的價值支應，此時阿杰不見得需要增加壽險額度。

　　⑵ 若阿杰身故後，希望妻子可以安心住下去，那麼他就該考慮增加壽險額度。

所以，我們不斷強調，**在購買任何商品之前，首先要思考的是需求**。以阿杰的例子來說，先思考的問題應該是：**一旦阿杰身故，妻子的應對方式會是什麼？** 來決定是否要將房貸餘額納入保險需求，並且評估需要多少額度，而不是閉著眼睛就直接投保。畢竟，購買保險固然可以提高保障，但也有要付出保費的成本，務必精打細算，才不會浪費我們辛苦賺來的每一分錢。

▶ 如何選擇房貸壽險？

如果要提高壽險額度，目前主要有三種方式可供選擇：

(1) 購買「額度平準型」房貸壽險

(2) 購買「額度遞減型」房貸壽險

(3) 購買「一年期保證續保」定期壽險

前兩者通常是申貸銀行與保險公司合推的專案，方便房貸戶選擇，若選擇一次繳清保費（就是常聽到的「躉繳」），通常銀行也願意增貸，讓房貸戶分期攤還保費。

不過，房貸的餘額會隨著逐漸攤還而下降，除非有其他的考量，不然購買「額度平準型」房貸壽險，並不符合經濟效益。以阿杰的例子來說，假如他購買 500 萬的「額度平準型」房貸壽險，一旦阿杰在貸款期間身故，那麼妻子就會獲得 500 萬的理賠，但是事實上貸款中後期，阿杰的房貸餘額是遠低於 500 萬

的，阿杰就必須為這高於需求的保障，付出較多的保費。

　　所以，較理想的方式，是購買**「額度遞減型」房貸壽險**，或是購買**一年期保證續保的定期壽險**，逐年檢視調降壽險額度。前者購買方便，通常跟銀行申貸時，也可以增貸保費，逐年攤還；但缺點就是保費需一次繳清，額度調整缺乏彈性。例如阿杰如果提前清償部分貸款，保險額度並不會跟著下降，等於也是多購買了高於需求的壽險。

　　而購買一年期保證續保的定期壽險，可隨時依我們的需求調整，較為彈性，搭配其他人生階段的需求綜合考量，例如孩子的出生等；但缺點就是必須定期做調整，才能發揮最經濟的效益。

　　舉例來說，阿杰購買一年期保證續保的定期壽險，**一旦妻子辭世或離婚，壽險需求就消失**，可直接解約；又或者阿杰夫婦有了孩子，即使房貸餘額已經下降，但壽險需求並未下降，反而可能還上升了，此時就不需要調降壽險額度，甚至還要提高。

★三種房貸壽險比較

	「額度平準型」房貸壽險	「額度遞減型」房貸壽險	一年期保證續保定期壽險
估計保費*	躉繳65.9萬	躉繳30.4萬	年繳2.2萬隨年紀增加而提高
優點	保障額度高	保費較平準型便宜	保費較平準型便宜保障額度具彈性
缺點	保費高保障額度缺乏彈性	保障額度缺乏彈性	必須定期檢視

以上以 35 歲男性、保險期間 20 年、房貸金額 800 萬試算
（保費參考某公營行庫專案），比較三種房貸壽險，供大家參
考。祝福有買房需求的人，都能像阿杰一樣，安心、開心擁有心
目中理想的房子。

重點摘要

1. 買房事前規劃：事前評估好買房能力，避免無力負擔。

2. 買房所有成本：除了房價外，各類成本也都要一併考
量，才不會顧此失彼。

3. 選擇房貸壽險：購屋後重新評估自身壽險需求，選擇正
確的房貸壽險方案。

 思考練習

- 你有考慮或是已經買房了嗎？或者是否聽聞身邊親友
買房的經驗？
- 買房前與買房後有做過哪些功課呢？

衝動決定

中頭彩全拿去投資，
真能錢滾錢坐享複利嗎？

　　凱凱是個工作穩定的上班族，朝九晚五日復一日。雖說他和另一半並沒有生小朋友，但看不到儲蓄跟收入有比較高的成長，還是讓凱凱有一些憂慮。平時家裡的財政大權都是凱凱在打理，他有時會用一些錢去買彩券，這件事另外一半是不知道的，所以凱凱難免會有些罪惡感，但他告訴自己，這是做公益跟投資兩不誤。「公益」──買的是公益彩券；「投資」──希望未來錢會變大，但丟出去的錢，從來沒有回收過。

　　直到有一天，凱凱看到了一則新聞。有個大學生中了彩券800 萬元，並且都拿去做其他投資，這讓凱凱好像看到一線救贖的曙光，人生彷彿充滿希望。他覺得應該要繼續買彩券，只要中了大獎再拿去好好投資，人生就不需要擔憂了，所以決定參考中獎大學生的投資策略。但事情真的是這樣嗎？

▶反正是意外之財，豪擲也沒關係？

前陣子有一名大學生（先稱為 A 君），買今彩 539 中了頭獎 800 萬元，過了半個月，他開心地將這份畢業禮物全拿去買 300 張 00922（國泰台灣領袖 50ETF），以及一張美元保單。

A 君受媒體採訪時，表達他為什麼這樣理財的原因：

1. 保單一次繳完（躉繳），反正是意外之財，也不用去管美元匯差。

2. 自己不喜歡台積電。

3. 覺得自己比較保守，投資的成分要有金融股。

4. 不想買 0050 或 006208，因為買的張數會比較少，沒有當大戶的感覺。

▶財務顧問告訴你，這樣做有哪些風險

這樣的理財方式主要有策略及心理上的風險，想要的過程與結果，可能會跟原本期待的不太一樣。尤其，A 君的心態導致自己可能不太清楚為何做出這樣的決策，這時很容易受到其他事物的影響。我們來看看這樣理財會背負什麼風險？

1 選擇 00922 要思考 3 件事

(1)無論是什麼投資標的，觀察時間越長，會更清楚策略及

產生結果的關係。照理說我們需要比較多資料，來判斷 ETF 追隨的指數產生的影響，但 00922 於 2023/03/16 成立，目前成立不到 1 年（編按：以筆者撰稿時間來看），**成立時間不夠長，不足以讓我們驗證指數的策略。**

　　(2) 00922 的追蹤指數是 MSCI 台灣領袖 50 精選指數，但其實不是單純的市值型 ETF。它同時又主動納入企業的「低碳轉型能力」的考量與其他標準，這樣的策略會讓持有期間的波動變大，因為伴隨預測的因素，同時注重低碳轉型的能力，不一定代表投資的標的比較好。同時也因為有考慮預測型的策略，這勢必比單純追蹤指數要花上比較高的成本，成本上無法降到非常低。

　　(3) 00922 有「**收益平準金**」的機制，簡單來說，你投資的錢不是都會進入投資，而是會留存平準金，來為之後的配息做準備。這在帳面上看到的結果，會讓漲跌趨勢比較平緩，但也有點像拿自己的錢配回來給自己的意味，更不用說還有可能產生稅賦的問題。

❷ 越不費力得到的，越容易輕率運用

　　這是諾貝爾經濟學獎得主理查‧塞勒提出的心理學理論——**心理帳戶**（編按：人會將不同來源的錢，歸類在心中的不同帳戶，進而做出不同的財務決策，該現象常被用來解釋人類不理性的花錢習慣），我們可以看出，A 君是快速地做出決定，並沒有真的細心研究所做的細節。

⑴中獎後半個月就把錢分配完成了，如果這是辛苦工作存下來的錢，我們會怎麼運用呢？辛苦存下來的 800 萬，跟中獎的 800 萬，會不會產生不同的使用想法呢？

⑵A 君覺得美元匯差沒有差，一筆繳完美元保單。但匯差真的沒有差嗎？有思考過萬一短期要用錢的可能性嗎？如果沒有考慮過短期目標或使用錢的可能性，倘若用錢時是賺的，倒是還好，但如果剛好是虧的呢？或者，不得已只好在約滿前幾年解約儲蓄險保單，又會虧多少呢？

⑶不買台積電的原因是因為不喜歡？而且 A 君覺得金融股比較保守，真的是如此嗎？姑且不論是否保守，但我們有能力判斷積極還是保守嗎？金融股的財報相對複雜，除非花大量時間做專業的學習，不然能否達成預期的投資結果，其實很靠運氣。

⑷A 君說想要有當大戶的感覺，所以買越多張就越好嗎？那水餃股是不是可以買很多張？當大戶的感覺跟長期投資有好結果，有因果關係嗎？

▶ 開始投資前必須要思考的 5 件事

人生有很多需要考慮的目標，如買車、結婚、生小朋友、買房、退休……等，如果先思考並且將之具體描述（什麼時候達成需要花多少錢），我們可以依據目標來調整財務狀況及投資組合，也避免出現如明年小朋友就要出生了，我們卻來不及做好財

務準備，或者投資的錢被迫要拿出來等這類情況發生。

我們應該思考為什麼想要這些東西？各種目標要花費多少？目標需要在什麼時候完成呢？再去分配金錢的運用並調整計畫：

1 生活費

我們必須先考量每個月的花費及年度預算，否則做什麼事情都會受到影響。

2 緊急預備金

準備 6 個月的緊急預備金儲蓄，讓自己就算面臨疫情、失業、各種意外，都有緩衝空間，不被迫動用到其他金錢運用。

3 儲蓄準備

太短期的目標不適合以投資準備，越短期我們越難以評估可能事件及造成影響，這時去投資可能導致錢被迫無法使用，反而得不償失。

4 風險準備

如果是對人生影響不大的風險，可以考慮用儲蓄準備，但一旦牽涉死、病、殘等，會對人生產生巨大影響的風險，我們需要使用保險轉嫁。此外，這種巨大風險的需求不是固定的，例如，隨著小孩的成長、貸款的減少、財務狀況的不同，都會影響到需

求，我們需要從財務狀況及需求，去考量保險，甚至隨著越早開始財務規劃，承擔風險的能力越強，有一天或許可以考慮，不需要再由保險轉嫁風險。

5 投資準備

上述四點都準備好之後，餘下的才是能用於投資的閒錢，無論發生什麼事，你被迫動用的可能性很低，隨著時間累積，更能自主決定因為目標達成而選擇使用。

投資的影響面向很廣，最重要的關鍵是，投資是要幫助我們達成想要的生活，那我們清楚自己想要的生活了嗎？如果不清楚的話，就很容易受到數字跟各種消息影響，以致隨波逐流或者遇到意外。想要的生活要多少錢才夠，如果自己清楚這件事，再設計規劃的策略，反而會變得安心。

重點摘要

1. 開始投資前，需要了解投資背後的邏輯與架構，了解自己在投資什麼。

2. 如果得來的錢越不耗費心力，我們就越容易做出輕率的決定，若有意識到這件事，就可以降低衝動決定的可能性！

思考練習

- 如果我們努力工作辛苦存下 100 萬，思考一下打算怎麼使用它呢？

- 如果我們工作傑出，老闆發出 100 萬的年終獎金，思考一下打算怎麼使用它呢？

- 如果我們買了一張刮刮樂，中了 100 萬，思考一下打算怎麼使用它呢？

- 想想看，以上不同情境的使用方法，會不會不一樣，有哪裡不一樣呢？

| 投保跟風 |

大家都在搶購的保單，
該不該跟風？

2023 年底，金管會想要改革實支實付副本理賠的制度，轉為正本理賠、損害填補原則，這樣的改革對於整體保險環境是相當正向的，本來是美事一樁。但是，多家保險公司可以副本理賠的實支實付醫療險必須停賣，經過媒體的大肆報導，又再一次引起民眾的搶購。

就在這個時期，有位李小姐到我們公司留言，想要詢問是否需要購買實支實付的醫療險。聯繫上李小姐後，她和先生劈頭就問：「實支實付的醫療險到底需不需要買？」然而，當我詢問他們是否清楚，什麼是實支實付醫療險、副本理賠時，他們卻搞不清楚，只覺得再不買就來不及了。

▶「走過路過，千萬不要錯過」的心態

因為李小姐事前有傳給我她的保單列表，所以我已經知道她有購買實支實付險，並不是完全沒有這類的保障。一問之下才知

道，原來是因為看到新聞報導，便向保險業的朋友詢問，在朋友力推之下，總覺得再不買以後就沒機會了，卻又不知道這麼做到底對不對，所以才想約顧問諮詢。

我向李小姐說明，這一次預計進行的改革，並不是停售實支實付，而是拿掉副本理賠，未來醫療實際支出多少，保險就賠多少，回歸到保險的損害填補原則，避免一張收據透過副本理賠，拿到比實際支出更多的保險金。

反過來說，**副本理賠看似對保戶有利，但是保險公司也不會做虧本生意**。實支實付醫療險大多是採自然費率（編按：指經過風險計算得出，而有不同的保費。舉例來說，年長者因風險較大，保費也會較高），年紀越大，保費越貴，同時購買 2 張以上的實支實付醫療險，到年老時的保費，可能會相當的驚人！

李小姐聽到這邊，沒有再詢問下去，反而問了一句：「請問你們是保經公司嗎？」我向她說明，定方財務顧問提供的是顧問服務，沒有銷售任何金融商品，所以沒有任何的佣金或是分潤收入。我們的收入完全來自向客戶直接收取的顧問服務費，透過這樣的設計，可以確保顧問提供的建議與客戶的立場一致，不會受到佣金的影響。

或許是擔心再問下去就要收錢了吧，所以李小姐說之後有問題會再問我們，便匆匆掛上了電話。我原本想接著跟李小姐說明，購買保險要先回歸自身需求，所以下面這段內容，就是當天李小姐沒有聽到的部分。

▶ 購買保險要先回歸「需求」

　　購買任何商品前，一定都要先釐清自身的需求，保險也不例外。保險的起源是類似互助會的組織，組織中的會員都拿出一定的保險費，當組織中的某個會員發生重大變故時，所有人繳交的保費，就給需要度過財務難關的會員救急。

　　所以保險對應的需求，就是當發生身故、重病、傷殘等重大人生變故時，得以因應家庭開銷、醫療費用、自身照護等支出。這邊我將風險事件與保障需求評估項目，列出如下表：

風險事件	保障	需求評估項目
身故	壽險	受扶養親屬所需生活費×扶養年期 負債金額 喪葬費
失能（殘廢）	失能險 失能扶助險	照護費×失能年期 受扶養親屬所需生活費×扶養年期 負債金額
門診／住院醫療	住院醫療險	住院病房費用 手術費、醫療處置費用 院內看護費、薪資補償
重大傷病	重大傷病險	療養期間損失的薪資或是生活開銷
癌症治療	防癌險	新式療法的費用

　　所以要評估需求，就是要評估當上面這些事件發生時，會需

要多少錢。以壽險為例，「一人飽，全家飽」的單身貴族，可能就不需要什麼壽險保障，頂多幫自己準備好 10～30 萬的喪葬費就足夠了。

對於頂客族來說，假如夫妻雙方採取 AA 制（各付各的），那麼各自的保障需求就會類似單身貴族。不過，若是雙方收入懸殊，甚至其中一方負擔家務所以沒有收入時，就要評估較高收入者的壽險需求。

最後，對於孩子剛出生的父母來說，若是其中一方驟然身故，另一半要負擔將孩子撫養長大到 20 歲，假設每年費用 50 萬，所需要的壽險需求就會高達 1,000 萬。

每當我們跟客戶一起估算出這些金額時，客戶們往往倒抽一口涼氣，萬一這些事情真的發生時，會造成心愛的家人多大的負擔？

當然，看到這麼高的保障需求，通常也會擔心保費的問題，只要掌握下面這個原則，通常保費也都是一般家庭負擔得起的。

▶ 保持身體健康，以定期險為主

釐清自己的需求，再來是選擇投保的險種，這邊我們要掌握一個重要的原則：就是**醫療環境、保戶需求都會隨著時代而改變，投保時盡量以保證續保的定期險為主**，同時保持身體健康，當有更符合需求的保單設計出現時，可以有調整的選擇。

舉例來說，20 幾年前販售的防癌險，理賠項目以住院日額、化療，甚至身故為主，主要是因為以當時的醫療技術來說，罹患癌症死亡的機率相當高，因此保單才會以上述的理賠設計。

　　然而，隨著醫療技術進步，以及標靶藥物的治療方式出現，當時若是購買了終身的癌症險，在現在的治療上就幾乎派不上用場，比較適合的險種轉變為一次金，也就是當確定罹患癌症時，保險公司直接理賠一筆金額，讓保戶自行決定運用方式，即使要選擇比較新式的療法，也不用擔心沒有預算。

　　不過這邊還是要強調，購買保險後的最佳結果，絕對不是拿到大筆的保險金，而是不需要任何的理賠。因為這代表我們的一生相當平安、身體健康，這才是我們最希望看到的。

▶ 2～3 年檢視一次保單，視需求調整內容

　　你有多久沒有翻開自己的保單了？評估完需求後，接著就是檢視現有的保障可以滿足多少需求、保障缺口還有多少，才會清楚知道還有多少風險需要靠保險轉移。

　　以壽險需求為例，像我這樣的二寶爸，壽險的需求會隨著孩子長大而逐漸降低，要購買的壽險保障就越來越少，所以**定期檢視需求，並且適度調整保障內容，才是保險買得對、保障買得夠、保費花得好的關鍵**。

　　所以，**至少 2～3 年要重新檢視一次保單內容**，而不是買完

就丟著不管喔。

> **❝ 買到符合需求的商品，再貴都不貴**
> **買到不符需求的商品，再便宜都不便宜 ❞**

重點摘要

1. **購買保險應回歸需求**：應根據自身家庭狀況、收入、負債等因素，評估發生風險事件時所需的保障金額。

2. **定期型保險優先考慮**：定期險保費較低，且可隨著需求變化調整保障內容，較符合現代人的保障需求。

3. **定期檢視需求與保單**：家庭狀況、收入、醫療技術等因素會隨時間變化，因此保障需求也會跟著調整，定期檢視能確保現有的保障是否仍滿足當前的需求。

💡 思考練習

- 過去幾年陸續熱賣、停售的防疫險、失能險、實支實付副本理賠，你是否有耳聞甚至購買呢？
- 如果有，是否還記得當時決定買（或不買）的原因呢？

精準投資

雞蛋到底該不該
放在同一個籃子裡？

　　有一天下午，小蔡傳訊跟我說，最近輝達跟台積電很夯，同事跟朋友們都說：應該趕快投資，不然機會就要錯過了、這次肯定一直看漲、下一支股王不要錯過⋯⋯。他到底該不該投資？

　　一方面我理解市場的變化，必定會影響心理的狀態，另一方面我也想知道，小蔡有沒有可能需要做這種決定的隱性需求。不是表層的「好像得投資飆股」，而是內心深處「覺得要靠這樣投資才能解決的問題是什麼」，所以我約小蔡出來聊一聊。

　　聊天時，我和小蔡分享了投資這件事，代價最貴的 3 句話：

　　1. 這次不一樣。

　　2. 某檔投資是下一支×××（可以套用股王、飆股、特斯拉⋯⋯等）。

　　3. 我能預測市場。

　　如果心裡想做的決定，有受到以上 3 者影響，無論是來自自己或來自周遭的聲音，都會相當危險。因為很可能只是一個本能

的反應，而不是自己有能力做出理性的判斷；或是自己以為的理性判斷，其實只是想要幫這個判斷找一個理由而已。

▶ 集中投資 VS 分散投資

我跟小蔡分享一個小故事：

有老王和老李兩個農夫。老王是一個謹慎的農夫，他把家裡所有的雞蛋都放進一個籃子裡，然後小心翼翼看著這個籃子，確保每一顆雞蛋都不會有任何損壞。因為他的專注和謹慎，老王確保了他的雞蛋得到最好的照顧，最終收穫了豐厚的報酬。

老李則是另一種類型的農夫，他買了很多雞蛋，而且都放在不同的籃子裡，並分別存放在不同地方。他知道，如果某個籃子裡的蛋因為不同的原因毀損，他仍然有大多數的蛋可以保存。最終雖然損失了一些雞蛋，但仍然會是獲利的。

這個故事其實很多人都聽過，小蔡也馬上理解我在說「集中投資」還是「分散投資」的問題，其實集中投資和分散投資各有優缺點。集中投資可以讓你專注少數幾個非常有信心的標的，這可能帶來更高的回報，不過這些標的表現如果不如預期，就可能會面臨較大的風險；另一方面，分散投資可以分散風險，即使某些投資失利，其他的投資仍有可能帶來回報，但我們就不會取得預期外的報酬，長期報酬會比較穩定。

集中投資及分散投資的優缺點分析如下：

1 集中投資

(1) **優點**：有獲得更高報酬的可能性。

(2) **缺點**：需要花更多時間、心力研究投資標的，建議至少每天花 3～4 個小時學習，以及研究標的背後的公司與產業。投資成長的時間點跟報酬率無法預測，同時需要承擔誤判的風險。

2 分散投資

(1) **優點**：報酬範圍隨著投資時間越來越長，會較穩定在一定區間內，如果是世界大盤股票的組合，複利報酬率約在 5%～8% 之間，長期波動起伏也比較穩定，如果理解這個原理原則，心態上也比較踏實。

(2) **缺點**：失去獲得更高報酬的可能性，對少數人來說，也可能少了研究的樂趣。

▶ 利用 QVDT 原則，思考投資決策

要分散投資還是集中投資，不是單純的二選一，而是考慮過的一種投資架構或策略。要達成長期目標，首先需要確立適合自己的投資策略。由於每個人的目標和財務狀況不同，最終打造出的投資組合也會有所差異。

　　不同的組合，在達成目標所需的時間、承擔的風險，及可能
獲得的報酬率上，也都會有所不同。為了設計出適合自己的投資
組合，我們需要考量以下 4 個原則，依據 4 個原則不同的比重，
就會產生偏重集中投資或是分散投資的不同狀態：

1 良好的品質（Quality）

　　具有兩個條件：一，投資的標的，在配合目標達成的前提
下，資產能不能持續增長。二，這個做法具有可複製性，是每個
執行者都可複製並實踐的。

2 合理的價格（Value）

　　有沒有能力及時間，去判斷交易的外在價格，與實質投資標

的內在價值的落差。譬如某檔標的目前掛 100 元，你有沒有能力判斷它可能值多少比較合理，才有個標準決定買或賣。

3 充分的分散（Diversification）

投資分散的比例及分布，可以讓我們應對未知的風險，畢竟太多事情無法預料。我們需要考慮使用分散的策略，放棄獲得最高報酬的可能，用長期的角度思考，以換取投資的累積以及較為確定的報酬。但如果在合理價格上判斷的能力越好，所花時間精力越多，分散的需求就有可能下降。

4 足夠的時間（Time）

藉由時間的累積，可以讓投資結果更能確定。因為對資產累積而言，時間越短越需要運氣；時間越長，可以控制與調整的條件可以掌握得更多。就好像比爾‧蓋茲說過：「我們總是高估自己 1 年內可以完成的事，卻又低估自己 10 年後可以達成的成就。」時間因素可以協助我們設立良好的決策，應對未知風險。

所以，遇到要不要投資的問題，我們需要從這些角度思考，把自己從本能抽離，回到邏輯思考的流程中，才比較容易做出適合自己的決定。關於集中投資與分散投資，想了解更詳細的內容與做法，可以參考我們第一本書《精準投資：為什麼你的投資總是不如預期？5 步驟打造自己的人生投資計畫》。

重點摘要

1. 了解集中投資及分散投資的優缺點。

2. 運用投資 QVDT 原則：良好的品質（Quality）、合理的價格（Value）、充分的分散（Diversification）、足夠的時間（Time），來協助自己做適合的投資決策。

 思考練習

- 覺察自己在應對各種投資市場消息時，當下產生的情緒是什麼？是失望、後悔、興奮、沮喪或刺激呢？先有覺察後，再去思考這個情緒背後的原因是什麼，我們比較容易回到理性思考的狀態。

- 想一想目前已經持有的投資標的，會不會讓你比較有情緒起伏，而且無時無刻想關注呢？如果會的話，可能這樣的投資需要重新思考一下 QVDT 原則，來判斷是否適合自己！

第 20 堂

| 以終為始 |

突然繼承大筆遺產，
如何運用才妥當？

2023 年底接到一封來信，來信者想要預約諮詢，了解規劃的流程，來信者就先稱他為小 T 吧。我跟小 T 約好時間通話，小 T 告訴我，幾個月前因為父親驟然過世，而母親也早已不在，他和妹妹突然各自繼承了年薪數十倍的財產。

於是，本來不怎麼理財的小 T，開始認真做起理財功課，買了許多個股，也買了不少的 ETF。此外，也跟朋友買了幾張投資型保單，忙得團團轉。另外也有朋友建議他，可以提早把房貸還掉，無債一身輕，但是小 T 覺得房貸利率不高，每月還款金額的負擔也很輕，所以遲遲沒有動作。雖然看著每筆錢慢慢都有了去處，可是小 T 總是覺得不大對勁。

因為理不清頭緒，害怕做了錯誤決策的擔憂，慢慢在小 T 的心中醞釀。他擔心平白浪費了父親遺留下來的禮物，因此在網路上搜尋財務顧問，從而找上了定方。

「因為你們沒有銷售金融商品，所以給我的建議應該會是比較客觀的，我不用擔心你們的立場問題。」當我問到小 T 為何選

擇定方時，他是這樣回答我的。

▶ 大筆資產該拿來投資，還是還貸款？

我接著問小 T，把錢拿去投資或是還貸款，都是一種財務決策，怎樣判斷哪個決策比較「好」呢？

小 T 笑著回答我：「當然是賺比較多或是虧比較少的。」嗯，非常直觀的回答，也讓我欣賞小 T 的直白。

「但是我們都沒有時光機，怎麼知道未來哪個比較好？況且，或許十年後回頭看，是還貸款比較好，但如果再過十年，會不會答案又不一樣呢？」我接著問。

此時小 T 沉默，沒有回答我。於是我接著說：「雖然我們都不知道未來的變化如何，但是金融市場運作仍然有一定的規則，只是需要兩個重要的條件，就是**時間與紀律**。」

「所以，定方協助客戶理財的信念，是先釐清客戶未來的人生藍圖，接著才是安排各項財務資源，包括現有的資產以及未來的收入。依據不同的目的，選擇適合的金融商品，然後一步步讓人生藍圖成真。這是我們對於理財理得好的定義！」

▶ 以終為始，設定具體的理財目標

小 T 聽完我的說明，就像是找到新天地，一如我剛轉職財務

顧問時一樣。於是，我們很快約好了碰面的時間，我請小T事先整理好現有的帳戶明細、投資狀況、保單正本等等。

我們見面時，小T帶著厚厚一疊資料過來，笑著說：「終於有人可以陪我釐清這一堆資料了。」當天，除了跟小T一起釐清收入支出、資產負債狀況外，也花了一番時間了解小T對於未來人生的期待。

「之前一直有轉職的想法，但是也擔心收入不夠，最後如果錢花完，就完蛋了。另外，在轉職之前也想休息一下，到歐洲留學一陣子，看看這個世界不一樣的地方。」

「還是有結婚生子的打算，雖然目前暫時沒有對象。而且我蠻嚮往很多小孩的情景，希望可以生三個孩子。」

之後，我協助小T陸續設定了換車、換房、高等教育金等目標，當然，還有最重要的退休金。下面是小T的財務目標列表，在定方的規劃報告書中，我們都會在報告書最一開始的地方，放上這張表格，提醒客戶也提醒顧問，**「以終為始」才是理財規劃得以安心的原因。**

到了看報告書的那天，在翻開報告書前，我照例會考考坐在面前的客戶們，還記不記得自己上次設定的目標。很高興的是，雖然無法完全準確地回答所有的金額與時間，但是小T跟大多數客戶一樣，都能回答個七、八成，這代表這些目標都是客戶曾經深思熟慮過的，而不是隨口說說而已。

	項目（目標）	準備時間	預計金額
充電	歐洲遊學一年	立即	150萬
舒適便利	換房	13年後	1,120萬（裝潢120萬）
	換車	5、15年後	各130萬
責任	三位孩子教育金	準備到碩士畢業	每位約477萬
安心退休	55歲退休	準備到85歲	每月退休金6.3萬

　　我接著問小 T，對於自己原本理財的方式，有沒有信心完成上面的這些目標？小T有點不確定，但還是說出：「我覺得應該沒問題吧？」

　　事實上，經過規劃試算的結果，小 T 會在 65 歲左右花光手邊的錢，接著就算以房養老，也可能必須要縮衣節食，顯然無法有太好的退休生活品質。

　　小 T 顯然有點訝異，原來這些資產有可能很快就消耗殆盡，也算是間接證實了自己內心的擔憂。

▶ 制定財務藍圖，是為了平衡風險與需求

　　不過，現有的大筆資產以及年紀輕的優勢，讓小 T 只要略做一些調整，像是調降換車的預算、孩子教育金的金額，再搭配充分分散的股債投資組合，將退休前的年化報酬率提高到 6％，就

可以大幅改善理財的成果。

我同時也擬了其他方案跟小 T 一起討論，但是不論是哪一個，小 T 都能執行他一直想做的事情：到歐洲遊學。

現在，小 T 申請了留職停薪，正在國外到處遊歷。拜科技進步所賜，小 T 同時也可以透過網路，慢慢調整手中的投資組合，有問題的地方，也可以透過訊息或是視訊跟我保持聯繫。

小 T 知道，未來未必會完全照著設定的藍圖走，勢必會有需要調整的可能，但是有了這張藍圖，讓他在賺錢、花錢、存錢之間能找到平衡，才是他真正能夠安心的原因。

重點摘要

1. **以終為始的理財觀**：在進行財務規劃前，應先繪製一份人生藍圖，明確各階段的財務目標。

2. **量身訂製理財規劃**：根據個人投資期限及目標，量身打造適合的投資組合。

3. **保持彈性隨時應變**：人生充滿變數，應保持彈性，隨時調整投資策略，以因應變化的環境。

思考練習

- 你是否也有獲得大筆資產的經驗，如中樂透或是拿到一筆不小的年終獎金？
- 如果有，還記得當時如何使用這筆錢嗎？

通膨威力

存銀行與投資哪個更有利？
不妨以「目標」回推

▶ 通膨之下，小確幸越來越小

　　小時候，如果我考試考得不錯，總會厚著臉皮跟爸爸媽媽要求，可不可以去吃麥當勞，而且總想在一般套餐的基礎上，凹看看能不能要到兒童餐，尤其好想要兒童餐的玩具。

　　雖說爸爸老是一臉嫌棄地說：「美國包子有什麼好吃的！這麼貴，東西又只有一點點。」但總有被我凹成功的時候，這就是我的小確幸。現在，我突然發現小確幸長大了，但小確幸不是變成大幸福，而是價錢幸福肥了，從 3 個 50 元變成 50 元 1＋1，甚至還有價錢威力加強版（如右圖）。

　　同樣的價錢，能買到的東西變少了，或者說同樣的東西變貴了，原來這就叫做「**通貨膨脹**」。通貨膨脹其實是太多的貨幣追逐較少的貨物（貨物也可以套用成「生產力」或「經濟實質成長」）的狀態，這是一個必然的過程，因為貨幣不會總是跟經濟成長同樣的成長。政府會希望長期的經濟發展下，盡量控制在平

資料來源：定方財務顧問

資料來源：定方財務顧問

圖片來源：麥當勞官網

均 2% 成長，讓經濟在一個比較良性的環境下成長。

▶隨時間推移，錢變得越來越薄

1,000 萬若以 2% 通膨，隨時間推移，購買力會跟著下降。

舉例來說：

　　★ **10 年後的 1,000 萬，相當於現在的 817萬。**

　　★ **20 年後的 1,000 萬，相當於現在的 667 萬。**

　　★ **30 年後的 1,000 萬，相當於現在的 545 萬。**

　　雖然錢會越來越薄，但是錢換成的東西（消費或資產），長期的成長也都包含「通貨膨脹」的因素。換句話說，無論聽到什麼投資報酬率，都需要加上通貨膨脹的考量，如股票、債券、房地產……都是。所以**做任何財務決策，都需要考慮「通貨膨脹」**，定存、保單、投資不能單純以現在的價值看待，只要有時間的變化，我們都需要把「通貨膨脹」納入考量。

▶ Grace Groner 的投資啟示錄

　　西元 1931 年，Grace 在亞培（Abbott Laboratories）擔任祕書，並且也在那裡工作了 43 年。1935 年時，她以 3 股 60 美元買入亞培的股票，共 180 美元。多年來，她的股票多次分拆，也因為生活節儉、終生未婚，並不需要急著將股票賣掉或使用股息，每次都將股息再度買入亞培的股票。180 美元用了 75 年，變成 700 萬美元，年化報酬率 15.13%，資產增長了 38,889 倍。

　　Grace Groner 於 2010 年過世，她名下的基金會以遺產名義捐贈 700 萬美元給她的母校 Lake Forest College，這筆資金每年

約有 30 萬美元的孳息，這些收入資助了學生學習、實習、跨國學習與服務等項目。當時校長得知捐贈事宜跟金額時，也忍不住驚呼：「我的天啊！」她是怎麼做到的？她是投資高手嗎？

　　Grace 的故事看起來像樂透一樣激勵人心，卻又覺得不那麼切實際，投資是不是總感覺像賭一把呢？美妙的結果發生後，回頭看好像一點也不難。但到底難與不難我們可以好好思考一下，也是否因為她懂投資才使她致富？其實 Grace 能累積這麼多的資產，主要有兩個原因：

　　1. 投資的特性是，隨著時間越長，人類共同想讓生活更好的意願，會化為科技進步、文明提升、經濟成長，就好比現代的平民生活水準，會比 500 年前的貴族來得好。但越短期，我們越無法確定當下會發生什麼事、有什麼戰爭、哪間公司真正會成功、哪個國家會興起。

　　我們只知道隨著時間，平均的生活水準會越來越高。不過不是每個人都可以忍受每次的大震盪，而保持投資、公司存續，一旦發生類似第二次世界大戰、韓戰、越戰、石油危機、科技泡沫、金融海嘯……等事件，都可能逼迫你出場或投資公司倒閉。

　　2. Grace 能安穩投資有一個最重要的主因：她不急著使用這筆錢。她生活簡樸、一生未婚，使她的消費欲望跟必要花費都不高，平時的收入已經可以供她好好生活，並沒有特別需要動投資之錢的必要，發生什麼事情也不需要特別以此來支應。

▶以「目標」來做全方位的考量

　　我們在做財務決策時，絕對不是因為擔心通貨膨脹，趕緊去投資；也不會是因為擔心投資波動太大，把錢都放定存，這都有可能產生自己不想要的結果。所以我們可以從比較全面的角度來考量，什麼是全面的角度呢？就是思考到底什麼是自己想要的「**目標**」。

　　由「目標」回推現在該做什麼時，就可以比較清楚每個目標需要的金額，和需要達成的時間。在這樣的前提下，才有辦法去設計現在的財務執行計畫，並打造可以使用的投資組合。下面簡單舉 2 個例子說明：

　　1. 假設 5 年內就要買房，不想讓錢閒置而去投資，但如果只考慮報酬率，投資標的或組合的波動，可能就會讓你 5 年內要買房這件事產生變數，因為越短期的投資，波動及報酬率越難確定。如果最終得不償失，難道我們就只能屈就於當下嗎？

　　2. 假設 30 年後要退休，但實在很害怕投資這件事，決定把錢都放在銀行定存，卻忽略了長期現金受通貨膨脹影響的威力，最終反而變相讓資產縮水，無法滿足退休的需求。其實目標越遙遠，使用投資準備反而更不需要靠運氣，而可以減低投資波動的影響。若退休近在眼前的話，我們就喪失了使用投資穩健準備的權利。

　　所以，財務決策跟金融工具沒有絕對的好壞，而是需要以適合自己的狀況與目標來設計，避免面臨錢都放定存，最終目標達不成；或錢都放投資，但財務現況及時間，都無法讓你承擔投資風險的狀況。總之，**我們除了注意投資的風險外，也需要留意不投資有什麼風險。**

重點摘要

　　1. 了解通貨膨脹產生什麼影響。

　　2. 需要了解投資及不投資都是有風險的，我們要思考承擔的風險、目標的達成、現在的財務狀況，是否能達成一個平衡，而不是一味投資或一味存錢。

 思考練習

- 想一想自己最喜歡吃的東西、喝的飲料，20 年前、10 年前各是什麼價格？
- 自己喜歡吃、喝的東西，有因為價格變化，降低你的消費意願或頻率嗎？

| 孝養預算 |

孝養費該給多少？劃分好「財務界線」就不致受情勒

　　小華家庭財務並不寬裕，父母從年輕時就在市場賣魚，收入算是勉強能養家餬口，但他們仍然省吃儉用，讓小華有機會念到大學。小華也非常爭氣，努力爭取獎學金及辦理就學貸款，最終念到碩士畢業。

　　小華畢業後，順利進入了一間大公司工作，收入比父母要高出許多。父母非常開心，但也開始對小華有了新的期待。他們認為小華有現在的成果，也是來自當年的用心扶養，小華理所當然應該把薪水的大部分交給父母，而且沒使用到的，也當作幫小華存起來。

　　但小華的想法卻與父母不同，他現在有個穩定交往的女友，也預計要結婚了，即使他們沒打算生小朋友，但結婚、買車、買房……等，都是一大筆的支出，他打算存下一筆錢，為這些目標好好努力。所以，他覺得父母的要求有點過分，尤其是在自己要組建家庭時，這樣的負擔帶給他不小的壓力。也因為雙方多次為了這件事爭吵，小華跟父母的關係變得比較緊張，小華希望在孝

養費這件事上，能與父母達成共識。

▶ 孝養費的意義是什麼？

在台灣的家庭裡，子女常為了表達對父母的養育之恩，或者因為父母生活所需，每個月會撥出一筆錢給爸媽，這筆錢我們通常稱為「孝養費」。

無論父母有沒有要求子女給孝養費，和父母有沒有需要靠這筆錢生活，孝養費往往是子女都會考慮的一筆預算，因為孝養費隱含下列 2 種意義：

1 表達孝順和尊重

在華人傳統文化中，孝養費是子女對父母的心意表示，表示尊重父母的養育之恩，希望父母年老時，能夠感受到子女的支持與心意。

2 承擔家庭責任

孝養費能給予父母實質上的經濟支持，這種支持包括能支付日常生活費用、醫療開支，甚至在特殊事件或父母需要時，能給予父母幫助，也表示子女願意承擔照顧父母的責任。

▶ 孝心別成重擔！給予孝養費的 7 個考量

給予孝養費的方式及金額，每個家庭可能都不太一樣。有些家庭可能會按照**固定的傳統標準**（父母要求或者市面上的行情），有些家庭則會根據**實際經濟狀況**調整（收入，或者有沒有房貸或小孩的經濟壓力）。

無論如何，孝養費仍然是一筆支出，萬一在經濟狀況有變化的情況下，支出的孝養費已經超越自己的能力，反而讓一片孝心變成沉重的負擔。所以我們需要考慮以下7個條件，來制定合理的財務計畫：

1 制定明確的預算

制定各項財務目標，才能確定每一項收入支出對財務的影響，並且確保各種支出不造成其他目標無法達成，包括日常開支、子女的教育費用、換房換車預算、合理的孝養費用……等。考慮過各項支出預算後，就不會因為突發情況，而使孝養費成為沉重負擔。

2 與家庭成員溝通

孝養費的給予，其實可以坦承且具體地與父母討論，共同了解家庭的經濟狀況和財務目標，以及父母的期待。了解大家的需求和期待後，再一起制定合理的孝養費用標準。如果家庭狀況發

生變化，也能有個基準及時溝通，並根據實際情況調整預算和財務計畫。

3 做好緊急預備金儲備

我們需要準備緊急預備金，用於應對突發狀況。緊急預備金儲備，可以讓我們在遇到特殊狀況時，如無薪假、失業、特殊意外無法工作，都還能讓原本的支出計畫有個緩衝。

4 定期檢視財務計畫

我們可以定期檢視財務計畫，確保計畫與實際經濟情況相符。如果財務狀況產生變化，可以及時調整目標和各種支出預算，也才能確保孝養費和其他財務負擔，不會超過家庭的負擔能力。

5 考慮保險轉嫁對父母的孝養責任

如果擔心因為一些特殊狀況，如意外身故或失去工作能力，父母的生活可能因為少了孝養費，而導致生活困難或無以為繼，也可以考慮以保險轉嫁部分的責任，讓特殊狀況發生時，仍有一筆考慮過的金額，得以保障父母的生活。

6 提升收入能力

增加自身的能力，如進修、轉職、提升職業技能，一直都是

最好的投資，甚至可能提升自身和家庭的收入能力。收入的提升、有意識的儲蓄，也會讓自己在達成各種目標、負擔各項支出時，比較遊刃有餘。

7 執行長期投資

做好全盤的財務規劃後，才能知道哪些資金可以做什麼運用與投資，這能為未來資產累積產生很大的效應，也讓長時間的孝養費準備，不造成家庭過大的壓力。

綜合以上 7 點考量：**明確的預算、良好的溝通、預備金儲備、定期檢視、保險規劃、提升能力、長期投資**，都是不讓孝養費成為家庭沉重負擔的關鍵。

▶ 劃分好界線，孝心才走得更長遠

無論是確定預算、準備多少預備金、財務的規劃與檢視、什麼是適合的保險、如何長期投資，每個人的狀況都不一樣，但我們都應該及早意識，依據上述考量的因素做準備。小華跟父母若能運用這些方法，好好溝通，比較有機會達成彼此都能接受的共識，劃出一條共識的界線。

我們都需要為自己的孝心細心規劃，劃上那條「財務界線」。劃線不表示不孝，反而是讓孝心能夠長遠走下去的關鍵。

重點摘要

1. 想想孝養費的意義是什麼。
2. 思考孝養費執行的方式及需要考量的要素。

 思考練習

- 目前有在給父母孝養費嗎？支付孝養費對生活產生了
  什麼影響？
- 孝養費的比例對生活及目標的影響，是否超過能夠負
  擔的範圍呢？

| 順勢而為 |

不盯盤，
反而獲得更高報酬？

　　莊小姐是一位認真的上班族。其實，我不知道她上班有沒有認真，但我知道她下班時間真的超級認真——認真地盯著各種市場訊息。雖然每天緊盯市場動態，但時不時還是有點迷茫，不知道這樣理財到底對不對？偶然間逛到我們公司的網站，便預約了30 分鐘的線上諮詢。

　　才剛聊沒兩句，莊小姐就說：「顧問請問一下，本來聯準會要降息了，但是卻遲遲不降，你覺得債券還可以再買嗎？還是該出場了？我去年底買了一些，到現在還沒有回本，真的好煩哦。」

　　「然後以色列那邊好像也要開戰了，我覺得黃金的價格已經蠢蠢欲動了，是不是可以開始進場布局？」

　　「AI 以後應該是個趨勢，台積電應該會持續擴廠。對了，這樣子高雄的房地產好像也可以投資耶，你覺得是不是？」

　　莊小姐細數著她每天都會看哪些訊息，講了一長串，我當時心裡面的第一個感想是：「不曉得她有沒有興趣去交易室應徵？

我覺得她快要跟交易員一樣認真盯盤了呢！」

▶ 一位投資小白的告白

不過，回想起來，我自己也曾經歷過這樣的時期。2004 年寒假，當時還就讀大四的我，參加台大證券研究社舉辦的營隊，開始接觸投資理財的世界，許多股市名詞、基本面分析等，就這樣映入我的腦海中。

當時覺得最神奇的是技術分析，看著講台上的前輩們，根據一些價量指標設定好買賣訊號，就可以買低賣高賺大錢，因此給了我一個錯覺：「原來賺錢這麼容易！」

因此，等營隊一結束，我立刻到證券公司開戶，把省吃儉用的生活費、家教收入都轉到證券交割戶裡，準備開啟我的財富自由之路。

第一檔股票選擇的是營隊中前輩提到的陽明海運，當時適逢中國崛起，需求暢旺，航運股的景氣看不到一片烏雲，而且本益比還不到 10 倍，此時不買船票上船，更待何時！當時的股價約莫 35 元，惦量著自己的資金，剛好可以買兩張（2,000 股）。

所以我立馬全數「all in」嗎？當然不行，前輩有教，要做好資金控管，才是獲勝的關鍵，沒事隨便 all in 是很危險的。所以，先買一張試試水溫，等待加碼的時機。第二天，股價上漲了五毛，心想再不上船就會後悔莫及，所以再買進了第二張……

年輕人終究是年輕人。

▶ 重大事件難免會造成市場恐慌

買了股票後，我的心思全在股價上，當時還沒有手機可以看盤，所以三不五時就跑回宿舍開電腦，再不然就是用計算機中心的公用電腦看股價，心情也開始隨著股價上下起伏。

不過，股價還是「如我預期」的上漲到 40 元，距離財富自由的目標又更進一步了！直到當年的 3 月 19 日……

3 月 19 日收盤後，當時爭取連任的前總統陳水扁，選前一天在台南掃街拜票時，遭到槍擊，當時看到新聞的我不覺有異（反正股價不會動了），仍按行程返鄉投票，直到週一開盤時才知道大事不妙了。

週一開盤，幾乎所有個股都跌停鎖死，看著綠得發亮的螢幕，想賣卻又賣不掉，心情真是絕望到谷底了。可是還沒完，第二天開盤繼續跌停鎖死，心情就從谷底掉入十八層地獄。跌停打開後，索性全數賣掉，眼不見為淨。

▶ 盯盤勞心又傷神，不如順勢而為

生活在陸地上的動物，包括人類，如果要跑得快，就要邁開步伐、提高換腳的頻率。但是看看天上飛的鳥、水中游的魚，只

要順著氣流、海流，偶爾擺動翅膀或魚鰭，就可以順勢移動，絲毫不費力。雖然可能遭遇亂流，但是長期下來，可以用相對省力的方式，移動很長的一段距離。

　　所以找到金融市場的「海流」，順著走，就可以用最有 CP值的方式抵達目的地。下面這張 Jeremy Siegel 教授的研究，正是金融市場的「海流」：

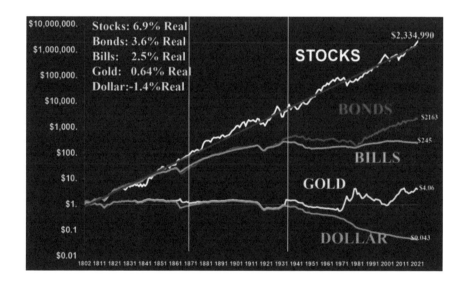

　　上圖是從 1802 年到 2021 年這 220 年間，各類資產扣除掉通貨膨脹因素後的年化報酬率。如果在 1802 年投資 1 元，經過220 年後，結果如下：

　　1. 股票：2,334,990 元。

2. 債券：2,163 元。

3. 國庫券：245 元。

4. 黃金：4.06 元。

5. 現金：0.043 元。

隨著科技發展，人類生活持續進步的成果，大多反映在股票市場上了，儘管這 200 年來經歷過了 2 次世界大戰、2 次全球疫情、以及無數次的區域衝突戰爭，還有科技泡沫、金融海嘯，都不曾改變這樣的趨勢。

回顧 2004 年的我，如果當時投入台灣 50 ETF（0050 成立時間為 2003 年），當時每股約為 50 元，對比現在每股近 200 元，再加上股息再投入，報酬率相當可觀，而且我還不用做任何事！

當然要做到這件事並不容易，但是我想告訴 2004 年的我以及莊小姐，人生中更寶貴的資源是「時間」與「專注力」，當我們把心思都放在盯盤時，其實可能會錯過更多美麗的風景。

66 投資靠盯盤，傷神又傷肝；
不如順勢走，輕鬆又自在。**99**

重點摘要

1. 盯盤不會帶來最高報酬率：反而可能導致投資決策失

誤，錯失長期投資機會。

2. 長期投資更有效率：投資指數等同於買進整個市場，可以分散風險，並獲得市場平均報酬率。

3. 時間與專注力才是最寶貴的資產：將更多時間和精力投入到自身專業的發展上，而非過度耗費在市場的短期波動上。透過長期投資，可以更有效地實現財務目標。

 思考練習

- 有沒有買進股票後心神不寧的經驗？
- 有沒有看新聞消息投資的經驗？後來的結果如何呢？
- 是否曾經尋求過專業顧問的建議？如果有，結果如何呢？

槓桿風險

槓桿投資翻倍賺？
風險比想像中還高

「哲茗，最近聽偉銘的同學說，××銀行有個醫師的信用貸款，利率只要 1.68%，我們還蠻有興趣的！於是問了○○銀行的理專有沒有類似的優惠，他建議我們可以用現在的房子來增貸，利率 2.08％，也可以選擇先還利息就好。最近美金定存利率不錯、美股還是美債好像也不錯，是不是可以貸款來投資呢？」

偉銘和美吟是開業多年的主治醫師，收入穩定，身上也累積了不少的資產，像他們這樣高薪的族群，往往是銀行眼中的 VIP 客戶。站在銀行的角度，既可以貸款給他們賺到利息收入，也有機會同時賣出理財商品，再賺一筆手續費，是相當不錯的一筆買賣。

台灣長期處於低利率環境，偉銘美吟他們的問題，我早已經被問過相當多次了。而這個問題的答案，似乎也相當簡單：借 2% 的錢來投資，只要投資報酬率高於 2%，就可以套利了，為什麼不借？

▶ 先評估負債比率與還款壓力

收到他們的問題後，我跟他們約了時間視訊，了解一下想法，也從家庭財務顧問的角度，分析這個決策的影響，給他們作為決定的參考。

我告訴他們，既然是要借錢來投資，**首要前提是不能造成過大的還款壓力**，否則中間一個市場震盪，很可能就無法堅持下去，也會徒增心理負擔。

試算過後，如果增加這筆 500 萬的負債，家庭的**負債比率**會從 20.37％ 上升至 29.87％，影響還不小，但勉強還算是可接受的範圍。原本每個月收入的 8.95％ 要用於償還貸款，加計新增的還款金額後，會上升至 12.20％，也還是相對低的水準。所以，從這兩個數據來看，新增這筆 500 萬的借款，不會在還款上造成太大的心理壓力。

▶ 再衡量價格與匯率風險

接著討論投資標的的時候，偉銘提出他的想法：「現在美國公債殖利率大概 4％ 左右，可以持有至到期日，純粹賺美金台幣的利差。或者，一樣可以投資股債平衡的投資組合，長期 5～8％ 的報酬率，保守一點，應該也可以有 5％。」

嗯，果然是我長期輔導的客戶，算是對投資有一定程度的概

念。先來談談美債的價格風險，以購買 20 年期美國政府公債來說，最大的風險會是利率風險，當利率每上升 1％ 時，20 年期債券大約會下跌 17％，價格波動可是不輸給股市呢。

而採用股債平衡的投資組合，就算是使用相對保守的股債各半配置，短期也可能突然遭遇 20％ 回檔。當看著借來的 500 萬，轉瞬間變成 400 萬，即使知道長期仍會回升，但是過程中會不會感到難過、擔心？

另外，既然錢進海外，就還必須考慮**匯率風險、稅務風險**。

由於借來的 500 萬台幣，會一次或是在短期內換成美金——因為不趕快換美元投資的話，相當於每天都要付 2％ 的利息——跟長期定期定額、每月換美元的情況是不一樣的。所以，換美元的時機點，會大大影響這個槓桿交易的結果。

可是，在台灣央行的控管下，即便美元兌新台幣的匯率已經相對穩定，還是相當難以預測的。以 2024 年 7 月和 8 月來舉例，7 月時，美元對台幣的匯率還一度來到 32.8，但僅過一個月的時間，就跌破 32.0，短短一個月，匯率損失 2.4％，還沒領到債息，就先賠了匯差。如果槓桿交易長達 20 年，匯率更是難以預測。

▶ 槓桿交易的效益怎麼算？

接著，我實際試算槓桿交易的效益給偉銘和美吟看。比較的

基準如下：

1. 500 萬單筆投入。

2. 如果借款 500 萬、20 年期，每月要還款 25,485 元，就相當於每月減少 25,485 元的定期定額投資。所以對照組就是每月定期定額 25,485 元，持續 20 年。

在投入年化報酬率分別為 4%、5%、6% 的情況下，20 年下來，這筆槓桿交易的總收益分別為：

年化報酬率	槓桿交易總收益
4%	1,608,364
5%	2,791,295
6%	4,260,565

所以，依照報酬率不同，每年平均可以增加 8～21 萬的收益。當然，這是假設沒有匯率變動以及稅務支出的結果。

所以，對偉銘和美吟來說，多借 500 萬執行 20 年的槓桿交易，如果一切順利的話，或許可以多賺 2、3 百萬元，相當於每年多出十幾萬的收益。但是，這 20 年必須承擔投資風險、匯率風險等，弄不好說不定還會虧錢，白忙一場。

更重要的是，對他們夫婦來說，每年十幾萬的收益對比他們的收入，幾乎是微不足道，卻要多冒風險，傷神擔心。

看到這個結果，偉銘和美吟相視而笑：「好像沒必要多冒這

個風險。如果真的一定需要這筆收益，不如從自己的專業著手，簡單得多。」

▶ 付出的成本是否值得——算算邊際效益

最後，偉銘和美吟決定不進行槓桿交易，還是按照原定投資計畫，每月定期定額投入。這筆錢對他們來說比較像是錦上添花，但如果要付出太多成本，包括時間、擔心價格波動而睡不著等等，都是不划算的，也印證了「財富的邊際效益遞減」這件事。

回到最一開始的問題：「槓桿交易會賺錢嗎？」從理性的數據來看，答案有蠻高的機率是「會」，但有一個很重要的前提——維持 20 年良好的**投資紀律**。最後，把這筆錢賺到手的過程，付出的成本是否值得，那又是另一個問題了。

任何的財務決策，除了要有縝密的數據分析外，最終還是要回歸到個人的感受、價值觀，才能做出適合自己的決定，因為**選擇金融商品沒有對錯之別，只有適不適合而已**。融合理性與感性的優點，才能成就一個好的財務規劃。

> 66 以理性分析為基礎，
> 　　以感性價值為依歸。99

重點摘要

1. **槓桿交易的風險與報酬並存**：在進行槓桿交易前，必須仔細評估自身的風險承受能力，並充分了解投資標的的特性、市場風險以及匯率風險等。

2. **家庭財務狀況的整體考量**：槓桿交易會增加家庭負債，在決定是否進行槓桿交易前，必須先評估家庭的負債比率、還款能力以及整體的財務狀況，避免因過度槓桿而產生財務危機。

3. **理性分析與感性價值的平衡**：投資決策不只是數字遊戲，更需要考量個人對於風險的態度與價值觀。理性的數據分析可以提供決策的參考，但最終的選擇仍需以個人的感受與目標為依歸。

 思考練習

- 如果你是偉銘，會考慮槓桿交易嗎？或是選擇其他類型的資產，例如房地產？會有什麼樣的風險？
- 在偉銘的例子中，專業財務顧問扮演什麼樣的角色？你覺得尋求專業理財顧問的協助是有必要的嗎？

第 3 章

三明治世代心好累！
首重減壓、風險控管

緩衝彈性

緊急預備金超重要！
該準備多少才夠？

　　阿發和太太小美是一對北漂到台北的夫妻，阿發在一間中小企業工作，收入雖不高但還算穩定，小美則是在租屋處附近的超商上班，以便照顧年紀還小的兒子小發。

　　隨著小發慢慢長大，家庭開支不斷增加，阿發及小美開始感受到壓力。他們都已經快 40 歲了，但家裡的存款依然不多，這讓他們很焦慮。阿發和小美商量後，決定找一個能夠快速增值的投資方式，來為家庭的未來儲備更多資金。

　　有一天，阿發聽到一位老朋友提到，他透過投資加密貨幣賺了不少錢。阿發聽了後非常心動，認為這是一個快速致富的機會。回家後，他和小美討論了這個想法，雖然小美有些猶豫，但阿發還是堅持要試試看，最終他們將家裡的50萬元存款，全數投入了加密貨幣。

▶ 回報不如預期，該逢低加碼嗎？

　　不料投資後不久，加密貨幣市場開始大幅下跌，50 萬元迅速縮水。阿發感到非常不甘心，他開始懷疑自己是否做錯了決定。然而他聽說當市場下跌時，逢低加碼可能會帶來更高的回報。抱著翻本的心態，他決定冒險試試看，最後阿發去銀行辦了40 萬元的信用貸款，再次加碼投入加密貨幣。

　　但市場並沒有如他所願反彈，反而繼續下跌。最終投資損失慘重，原本的 90 萬元只剩下 45 萬元，而每個月的貸款還款壓力，讓阿發和小美倍感焦慮。這次的投資經歷讓阿發和小美明白，高風險投資可能帶來的巨大損失，但他們又不知道怎麼解決現況，難道要小美也去借信貸嗎？

▶ 先從收支與資產負債狀況釐清問題

★ 阿發及小美的年收入：

項目	阿發		小美	
	每月收入	年度收入	每月收入	年度收入
薪資收入	40,000		35,000	
年終及三節		40,000		35,000
年度總收入	520,000		455,000	
合計	975,000			

★ 阿發及小美的日常年支出：

項目	阿發		小美	
	每月支出	年度支出	每月支出	年度支出
飲食	10,000		10,000	
治裝、化妝		3,000		20,000
水電費	1,000		800	
房租	13,000		10,000	
通訊費	499		499	
交通、車輛保養	500	2,000	300	2,000
進修、書籍		1,000		0
運動休閒娛樂	1,000	20,000		20,000
醫療保健		3,000		5,000
雜支	1,000		1,000	
紅白包、交際	2,000	3,000	2,000	3,000
公益		2,000		0
電子產品提撥費		20,000		20,000
所得稅		0		0
燃料使用費		450		450
勞健保	1,584		1,435	
保費		34,487		21,565
小朋友教養		80,000		60,000
加總	30,583	168,937	26,034	152,015
個人年度支出	535,933 （每月支出×12＋年度支出）		464,423 （每月支出×12＋年度支出）	
合計	1,000,356			

178

★ 阿發及小美的資產負債：

項目	阿發		小美	
	資產	負債	資產	負債
現金	20,000		50,000	0
保單現金價值	50,000		5,000	
加密貨幣	450,000			0
信貸		400,000		0
總資產／總負債	520,000	400,000	55,000	0

我們可以從阿發及小美的財務現況，看出來幾個明顯的問題：

⑴不考慮信貸的狀況下，他們的年收入 975,000 元－年支出 1,000,356＝-25,356 元，**每年呈現負現金流，根本沒辦法有結餘**。原本的存款都是在小孩出生前存下的，但隨著小孩出生及漸漸長大，反而形成負現金流，導致無法儲蓄外，資產還會漸漸變少。

⑵阿發後來信貸 40 萬／年期 7 年／利率 3.5%，每月本利攤還要償還 5,376 元，表示**每年多支出 64,512 元，加速透支風險**，讓原本就不寬裕的生活變得更緊張。

⑶加密貨幣已經虧損 45 萬，在本來就存不太下錢的當下，又因為加計信貸還款，導致生活透支，**需要重新考慮持有加密貨幣的策略，不能只是單純覺得不甘心。**

⑷阿發及小美幾乎沒有緊急預備金的準備，目前只有現金

7 萬元隨時可使用，連平均一個月的生活支出都不到，萬一發生特殊狀況，如無薪假、出車禍或意外、家人遇到需要急用錢的情況，將會導致生活模式整個崩盤。

▶ 該怎麼改善目前的財務狀況？

① 賣出加密貨幣

沒做好財務規劃前的投資，無論是什麼標的，都可能因為生活過不下去，而被迫賣出。而且加密貨幣是更不確定的標的，以阿發的財務狀況跟不確定性來看，其實賣出是比較好的選擇，可以讓目前的生活壓力緩解。

② 償還信貸

之前阿發需要信貸是因為想要加碼，但是這也造成他生活漸漸過不下去，當投資賣出後，將變現後的餘款拿去償還貸款，以減輕生活上的壓力，嘗試恢復能開始存錢的狀況。

③ 暫時尋找兼職或轉職

即便賣出加密貨幣及償還信貸，當下現金資產還是太少，而且負現金流狀態還是沒改變，需要先轉負為正，再努力累積資產，以避免發生一些意外狀況無法承擔。理解自己家庭現在的處境後，會更有動力及決心找兼職或轉職。

4　評估哪些支出可以減少、可減少多少

　　考慮阿發跟小美有哪些支出項目有調整的可能性，需要評估在財務比較吃緊的當下，哪些項目可以先調整，來劃出預算。

5　先準備足夠的緊急預備金，再做下一步的策略調整

　　依阿發及小美的狀況，需要有能支應 6 個月生活的緊急預備金，如果信貸有清償的狀況下，約略是 50 萬元。這時為各種目標準備、轉職、累積存款、開始投資，都還有緊急預備金當緩衝，做決策也比較有餘裕。

▶ 重要的緊急預備金該怎麼計算？

　　緊急預備金是很多財務策略的基礎，目的是為了緊急事情或意外而準備，所以需要考慮以活存或定存，這類運用較彈性的資產為基準。因為意外無法預測、投資漲跌短期也難以預測。我們擔心的是，當事情發展不如預期時，萬一沒有彈性的緩衝，就只能被迫做出慘痛的決定，像變賣不該變賣的財產、臨時找自己不想做的工作、本來長期會賺錢的投資，卻因為現在沒錢而變賣。

　　那麼緊急預備金該怎麼計算呢？其實就是 **6 個月的平均月支出（年支出／2）**，抓 6 個月的期間，就等於給了我們 6 個月的時間，比較不用被迫做當下不好的決定。特別提醒，如果有**貸款、保費、6 個月內其他臨時要花的錢**，也不要忘記加計喔！

1. 盤點一下自己的收入、支出及資產負債狀況，不要貿然在沒做好緊急預備金的準備下，就開始投資。

2. 緊急預備金的計算，是以保障幾個月的平均支出為準，建議至少要準備 6 個月的金額。

 思考練習

- 盤點一下自己有哪些資產？緊急預備金有準備到 6 個月嗎？

| 理財起手 |

沒時間不是藉口！
「理」財才能找回人生自主權

　　現代人生活工作忙碌，對於術業有專攻的專業人士更是如此。這個族群的收入雖然令人稱羨，但往往也是用大量的時間換來的。事業工作忙碌之外，若再加上孩子或父母需要費心照顧，真的是不折不扣的「三明治族」，常常必須蠟燭多頭燒。

　　也因此，「沒時間」就常常成為部分專業人士的口頭禪，小志和小美就是相當典型的例子。小志和小美都是主治醫師，然而兩人工作忙碌，加上孩子年紀又很小，常常需要接送，家務事更是需要請保姆或管家來協助。不過，因為收入還不錯，所以這些費用都還負擔得起。不用上班的時候，他們還是希望能多陪陪孩子，所以，從來就沒有時間好好地打理自己的財務。

　　對他們來說，最簡單、無腦的理財方式就是：買儲蓄險、提前還房貸。對於投資，他們沒有時間接觸，而父母從小給他們的投資觀念是：投資很可怕，千萬不要碰。

▶盡早開始複利，時間會讓你看到差異

　　小志和小美有件事做對了，就是「不懂的東西不要碰」，然而，他們也抽不出神來了解投資。雖然他們原來的理財方式相當簡單穩健，但無形中也耗損了不少時間價值，短期內可能感受不到差異，但是長期卻漸漸給他們帶來壓力……。

　　小志和小美發現，隨著孩子出生與長大，家中的開銷慢慢增加，但是他們卻別無選擇，只能繼續賣肝增加收入，才能稍稍打平支出。只是這樣的方式，慢慢逼近他們可以忍受的臨界點了，所以才會來找我。

　　以他們的狀況來說，兩人擔任主治醫師約 10 年的時間，每年平均提前還掉房貸 80 萬。假設以房貸利率 2% 來計算，省下的利息大約是 84.7 萬。

　　但是，如果從 10 年前就開始規劃投資，將提前還房貸的資金，改為投入年化報酬率 6% 的投資組合，所得到的報酬是 292 萬，遠高於房貸的效益。而且，目前累積的投資金額達到 1,092 萬，每年持續以 4% 的速度，擴大理財上的效益。

　　當小志和小美看到這個數字時，他們感到相當吃驚，也相當惋惜。因為假設能夠累積 1,092 萬的投資資產，每年 6% 的複利，意味著每年至少增加 66 萬的收入，就好像家裡有第 3 個人幫忙賺錢一樣。況且，以小志和小美高達 40% 的邊際所得稅率來看，要增加 66 萬的儲蓄，相當於要增加 110 萬的收入，得多

出很多時間才取得，這正是他們當前理財上最大的問題。

▶ 賺再多，沒好好規劃也沒用

2023 年，我們終於擬定好了投資計畫，預計年中要開始單筆投入 100 萬，定期定額 10 萬，投入股債比 8：2 的投資組合。然而，雖然現在網路開戶手續相當簡便，但是小志和小美卻仍然未能開始執行，包括我要和他們約周年檢視的時間，都因為他們臨時有其他事情而改期，還連續改了三四次。原因很簡單，因為「很忙、沒時間」。

有趣的是，2023 年底，也許是手頭真的存了太多現金，小志和小美突然跟我說，他們相中了一間喜歡的房子，已經下訂了，想詢問我接下來要如何貸款。

當下我其實只能傻笑。因為換房雖然在計畫之中，但原本預計是 5 年後孩子上小學時才會執行。平常執行力不足、老嚷著時間不夠的兩人，居然在這個時候動作神速買下了房子。但是房子都已經簽約了，也來不及後悔，只能協助他們重新調整計畫，並給予貸款、保險，還有投資上的新建議。

但是，看著他們又走回老路，實在有失顧問職責。這一次，我口氣更加嚴肅地提醒他們：「要繼續用原來的理財方式，我當然不會反對。但是，就必須接受自己懶惰的結果，要花更多的時間，去賺取更多的收入。所以我想再次確認，這是你們想要的

嗎？」

　　也許是被我唸到耳朵都快長繭了吧，這一次，小志和小美終於迅速執行，並且在我的協助下，設定好定期定額的投資。雖然定期定額的金額，因為增加了房貸而減少，但總是個開始。接下來，就是要讓他們能夠親身體會，投資所帶來的效應。

▶ 一年撥出一天打理財務，已經綽綽有餘

　　說到沒時間，大家會不會好奇，要做一個完整的財務規劃，到底需要花多少時間？我稍微盤點一下，第一年進入財務規劃服務的客戶，會需要花費多少時間？

1 需求訪談：4～5 小時

　　這個階段，我們會請客戶收集自己的財務資料，包括收入、支出、資產、負債、保單、勞保勞退、所得稅資料等等，也會協助客戶設定財務目標、風險保障需求，並了解客戶對於投資的理解程度，才能規劃出量身訂製的財務計畫。

2 報告書說明、確認執行方案：3～4 小時

　　這部分最重要的工作，是與客戶討論出未來的人生財務藍圖，並且確定要執行的各個項目，包括收支、保險、投資等細節，以及要完成的時間。

3 執行檢視輔導：3 至 4 次，每次 1〜2 小時

　　確認執行內容後，有的項目客戶可以自行完成，但有的可能就需要顧問輔導協助。但即便是較為棘手的案件，也大概只需要 3 到 4 次，每次最多 2 小時的時間，就相當足夠了。事實上，多數客戶通常只需要 1 到 2 次就能完整執行。

4 季度檢視：每季 1 小時

　　執行完畢後，我們也會定期與客戶約談，確認整體的執行進度沒有落後。另外，客戶可能會有各式各樣的財務問題，都可以藉由這個時間一起討論。

　　整個算下來，即便是首年進入財務規劃的客戶，一年也只需要大約 20 個小時的時間，就可以完成規劃以及執行。一年 365 天，只要撥出一天來打理財務就夠了。透過顧問的協助，能大大地減省摸索的時間，以及試錯的成本。

　　2024 年 3 月，小美跟我說：「終於完成第一筆定期定額的扣款了，好開心！雖然心裡還是有點怕怕的。」

　　我告訴小美：「第一筆 5 萬元的定期定額，相較於全家將近 3000 萬的淨資產，根本就微不足道。不過，這雖然是投資的一小步，卻是你們家理財的一大步，在能夠持續挹注收入的情況之下，相信投資這個小幫手，很快能夠開始為你們分憂解勞，減輕財務上的負擔。」

1. **忙碌是藉口，時間是能被管理的資源**：很多人將「沒時間」當作不理財的藉口。事實上，透過專業的財務規劃，每年僅需花費約 20 小時，就能建立一套完整的理財計畫。

2. **投資的複利效應不容小覷**：及早開始投資，並善用複利的力量，能為未來帶來可觀的收益。

3. **理財不只是數字遊戲，更是一種生活態度**：理財規劃需要有恆心、毅力，並且願意為自己的財務未來做出改變。

 思考練習

- 過往的理財經驗中，是否也曾經裹足不前、擔心害怕？後來有克服嗎？是怎麼做到的？
- 在工作、家庭與理財之間，你會如何找到自己的平衡點？

| 釐清價值 |

該換屋或重新裝潢？
先思考財務規劃

　　每個有孩子的家庭，居住空間可能會因為孩子的不同成長時期，而有不同的需求。比如幼兒園時期或以下的孩子，如果家中空間不足，勉強還可以跟父母睡同一個房間，此時或許兩房就能滿足空間的需求。但隨著孩子長大，可能要有自己的空間，如果還得分男孩房、女孩房，所需的空間就會大大增加。最後，當孩子長大成人，夫妻倆進入空巢期，對空間的需求又會大幅降低。

　　2018 年，我家中的孩子即將陸續進入小學，由於是一女一男，未來勢必需要更多房間。雖然暫時沒有分房的急迫性，但是我跟太太帶著孩子在家中附近散步時，就開始留意附近的建案。有天心血來潮，就走進附近一間建案的銷售大廳。

　　熱情的銷售人員接待我們，看我們帶著孩子，糖果、餅乾、飲料等讓孩子開心的玩意兒，當然也沒有少奉上。就在孩子安靜享用點心的時候，銷售人員迅速向我和太太說明房子的格局，之後便帶我們到樓上實際參觀。

　　這邊先補個題外話，其實一直以來，太太都是比我更能冷靜

購物的人。所以房子不看還好，一看我就有股想要購買的衝動，覺得這間房真是太適合我們了！聽完銷售人員的報價，含車位約莫需要兩千萬，心中估算著我們當時的收入，應該也不是太大的問題。

這時候，冷靜的太太拉了我一把，說道：「其實我們現在的空間也沒有很小，或許到時候重新設計、調整一下，就很夠用了。」由於沒有和太太取得共識，這件事也就先暫時擱置，但我還是時不時會關注一下那個建案的情況，心想或許有天能說服太太，買下夢想中的新家。

▶ 換新房 VS 原屋升級，哪個更適合？

2019 年，我決定辭掉銀行的工作，轉職成為財務顧問後，也跟太太一同進行了全生涯的財務規劃。當時，就將我們一直懸而未決的財務決策——要選擇原屋整修還是換房，納入不同財務方案的試算之中，看能不能有新的進展。同時，我內心也期待能透過這次規劃，說服太太安心地換房。

但是，經過整體規劃試算後，發現如果選擇換房，我跟太太都必須晚三年退休，而且顧問生涯的收入成長率，也要略為增加，壓力較高。看到這樣的結果，被說服的人不是太太，反而變成我了！

此時我才發現，對我和太太來說，能夠盡早進入倆人的退休

生活，同時顧問生涯保有更多自由，得以多陪伴家人、孩子，會比「住房升級」更重要！

▶ 全盤規劃，釐清價值觀

　　後來我也常常用這個例子跟客戶分享，當時的我因為只著重眼前的單一目標，沒有考慮到其他的影響。但是透過全盤規劃，將我和太太想實現的財務目標，同時放在一起評估後，我們才能清楚排出自己的優先順序，並將有限的財務資源，放在最想要完成的事情上。

　　這就是我們一直強調的「**釐清價值觀**」的過程。選擇裝潢或是換房本身並沒有對錯之分，必須要回歸自身的價值觀，才有好壞之別。或許在某個平行時空裡，我和太太選擇的是換房也說不定？

　　但不論選擇是什麼，經過全盤規劃的過程，我和太太都能凝聚共識，也都能更加安心，且更不容易後悔。

　　說到後悔，當我分享這個例子時，也有人問我，這幾年高雄房價漲了不少，會不會後悔沒買房？資產可能差了上百萬呢！但是說真的，我還真的沒有後悔，因為如果換房，意味著每月房貸可能會讓我們喘不過氣，說不定我的顧問生涯早就夭折，無法有現在令我滿意的生活。

191

▶ 計畫要隨變化「持續修正」

時間快轉到 2023 年中，我們家正式啟動裝潢計畫，找設計師、報價、看圖、動工等，讓我忙得人仰馬翻，不過總算是趕在 12 月完工，搬入讓一家人都滿意的「新家」，過程中在財務上也做了以下的調整。

1 裝潢資金來源

我們原本設定的預算是 200 萬元，但是做過一些功課後，決定先以 100～150 萬為目標，除非真的有讓我們很滿意的設計圖，才有本錢拉高預算。最終，選擇用房子跟銀行貸款，取得資金。

想當初要轉職顧問前，我因為擔心收入不穩把房貸都還清，現在又回頭去貸款，其實就是一個沒有全盤規劃的最壞示範。

另一個取得資金的選擇是減少投資。然而，2023 上半年正逢市場逆風，而且我始終相信長期投資的力量，因此投資能不動就不動。再加上增貸後整體的負債比率也還是不高，每月償還金額不會造成過高的壓力，所以仍選擇以增貸取得裝潢資金。

2 定期定額投資金額調降

因為增加一筆房貸的支出，投資金額就相對應減少了。

3 增加壽險保障

因為我身上背的負債增加了，萬一我不幸發生意外身故，勢必會影響到家庭，所以提高壽險保障是必要的。但是，要怎麼買呢？考量到定方業務的成長性、孩子長大責任減輕等因素，我預估 10 年後壽險的需求又會降到很低的水準，屆時應該沒有投保壽險的必要性，因此選擇 10 年期、保額逐年遞減的定期壽險，減少不必要的保費支出。

4 保留好裝修合約

未來若有出售房子且有利得時，此次裝修費可以列為成本，降低稅務的負擔。

還記得裝潢施工時，我們必須暫時搬離，但是孩子們總嚷著要回家看看，因為他們想記錄我們家「變身」的過程。而搬回「新家」的那一刻，看著家人滿意的笑容，我更相信，這絕對是最正確的選擇！

**66 透過財務規劃，「預見」未來
才能在未來，「遇見」美好 99**

1. **財務規劃的重要性**：在做重大財務決策前，應進行全盤的財務規劃，這不僅能幫助個人釐清價值觀，也能更有效地分配資源，避免因一時衝動而做出錯誤的決定。

2. **價值觀引導選擇**：選擇裝潢或換房，並非單純的經濟考量，更重要的是個人的價值觀。

3. **彈性調整財務規劃**：裝潢過程中，針對貸款、投資、保險等方面進行了相應的調整，以確保家庭財務的穩定。

 思考練習

- 你和另一半過往如何溝通財務決策？如果無法達成共識，最後會如何做決定呢？
- 未來家中是否也有空間調整的需求？如果有的話，預計如何因應，做好財務上的準備呢？

├─ **複利效應** ─┤

教育金好燒錢！
為孩子準備一罈「現代女兒紅」

記得有次跟阿廷夫妻面談時，阿廷忽然有感而發，感慨道：「現在教育費、房價都這麼高，偏偏薪資漲幅有限，會不會幫孩子準備頭期款，比投資教育來得划算些？」

會有這樣的感慨，是因為阿廷夫妻相當重視孩子的教育，早早就將孩子出國念書的費用，放進他們的人生財務規劃裡。只是，剛好碰上房價節節高漲的時期，所以才有了上面的想法。

我想這是許多為人父母的心聲，尤其台灣目前已邁入少子化的時代，每個孩子都是父母的寶，如果想及早為孩子打算，有沒有什麼建議的做法呢？

▶ 投資如釀酒，放越久回報越香

大家聽過「女兒紅」嗎？當家中的女兒出生時，將幾罈紹興酒埋入地下，待女兒出嫁時取出，用來款待賓客。當年我跟太太到加拿大蜜月旅行時，也仿效這樣的做法，帶了一支紅酒回來，

要在孩子們結婚時開來喝。後來也真的喜獲明珠，成了不折不扣的「女兒紅」！（只是我們都沒有適當保存，屆時不曉得會不會變成一罈醋？）

同樣的道理，孩子從出生到獨立，時間往往長達 20 年以上，**善用時間及早規劃，長期投資就可以讓小錢變大錢**。舉個例子，假如從孩子出生後，每年將壓歲錢、長輩賀禮、零用錢等，有紀律地投入全球分散的投資組合，每年投入金額 3 萬元、年化報酬率 6% 的話，到孩子 22 歲大學畢業時，會是多少錢呢？

答案是 130 萬元（總投入本金是 66 萬元）。

假如，孩子長大後不急著用這筆錢，繼續放著投資做為退休金的話，65 歲時，這筆錢就會高達 889 萬元！這是不是一份物美價廉的人生財務禮物呢？

如同釀製「女兒紅」一樣，從孩子出生開始到成家，釀出越陳越香的美酒。長期投資的道理也相同，利用最寶貴的**時間複利**，只需要投入一點點小錢，就可以累積出巨大的投資成果，成為現代版的「女兒紅」。

▶ 「信託」規劃，也是守財的好方法

再回到一開始阿廷的問題：「該投資在教育，還是準備孩子買房的頭期款？」這個問題並沒有所謂的標準答案，端視每個人的價值觀而定。以我自己舉例，孩子出生後，我就幫他們各自開

好帳戶，每年將壓歲錢投入投資。等到孩子們大學畢業後，可以自己決定如何使用這筆錢，看是想要出國深造，或是留為結婚基金、購屋金，甚至創業基金等，都可自行運用。

阿廷他們夫妻的想法，原本是希望用於留學教育，但是房地產市場的上漲，也讓他們的想法有點動搖，最後決定採用類似我們家的做法，交由長大後的孩子們自己決定。

不過，此時阿廷又想到：「如果兒女的理財紀律不佳，最後把錢都亂花掉，不是很可惜嗎？」

阿廷這樣的擔憂其實相當合理，所以也可以考慮使用「**信託**」的方式，設定好某些條件（例如結婚或購屋時）成立時才贈與，都可以確保這罈現代女兒紅越陳越香，不至於成為「走味的美酒」。

▶ 透過長期複利，輕鬆滾出教育基金

通常教育金的準備期長，投資會是最有效率的選項。然而，不論是存股、基金或是時下最夯的 ETF，都要**符合充分分散與股債配置的原則**。

1 充分分散

除非對個股有極高的自信並頗有研究，否則不建議存單一個股，因為這是高手如巴菲特才能做到的事，並不適合多數人。還

197

是**盡量選擇分散全球市場的基金或 ETF，會比較好。**

2 股債配置

若準備時間還有 10 年以上，此時股票占比可達 80% 以上，提高累積資產的效率。若時間剩下 3～10 年，就要逐步降低股票比例，讓資產累積偏向穩健。

不過再次提醒，正式開始投資前，務必詳閱公開說明書，了解基金或 ETF 的投資邏輯、費用結構等資訊，才不會當了冤大頭。

在台灣，由於保險滲透率高，所以也常見許多家庭用保單來理財，但是**儲蓄險就不是一個準備長期財務目標的好選擇**。年期較長的財務目標，像是孩子教育金、退休金等，透過長期投資複利來準備，比較有效率。如果時間較短，例如 3 年以內，此時建議可以直接使用定存，如果是準備美國大學學費，也可以轉換為美金定存。

目前多數的儲蓄險，通常要滿 6 年才會有相當於總繳保費的解約金，所以前 6 年內完全沒有利息，效益甚至不如定存，不適合用於短期的財務目標使用。

至於長期目標呢？以長期投資報酬率 6%、儲蓄險 3% 來計算，100 萬元的教育金，經過 20 年分別會變成 321 萬、181 萬，兩者的效益差距甚大，所以，儲蓄險實在不適合做為準備教育金

的工具。

▶ 先有共識，再擬定計畫

如同釀造女兒紅的目的，是為了在女兒出嫁時，能夠好好款待前來祝福的賓客。採用釀酒的方式，既經濟實惠，又別具意義，一舉數得。

不過，想為孩子做好未來打算，第一步並不是存錢，而是確認夫妻兩人的價值觀，凝聚要為孩子「準備什麼」的共識，接著才是擬定合適的理財計畫，並且按部就班地執行。

阿廷夫妻為了孩子的教育金所購買的保單，這幾年陸續繳費期滿，預計都將轉為投入長期的穩健投資組合，在不久的將來，都將成為孩子們最大的祝福，而不是阿廷他們的財務黑洞。

> **66** 做錯規劃，教育金就是財務黑洞；
> 　　做好規劃，教育金就是人生祝福。 **99**

重點摘要

1. **教育金的長期投資**：如同釀造女兒紅一般，透過時間的複利效果，小額的定期定額投資也能累積成可觀的教育基金。

2. **教育金與房產的選擇**：許多家長在教育金與房產投資之

間難以抉擇。這沒有絕對的答案，而是因家庭的財務狀況與價值觀而異。但無論如何，及早開始規劃、分散投資都是重要的原則。

3. 儲蓄險不適合做為教育金：儲蓄險不適合用於長期目標的資金準備，教育金的準備應以長期投資為主，例如股票、基金或 ETF，透過股債配置來達到穩健的獲利。

 思考練習

- 是否曾經細算，生養一個孩子要花多少錢？
- 夫妻是否曾經討論過孩子的教育金問題呢？
- 如果兩人想法有歧異，會如何取得共識？

| 防患未然 |

父母醫療費從哪裡來？
如何準備才不會壓垮自身？

　　過去幾年的執案經驗發現，現代人養兒防老的觀念，已經不再根深蒂固，所以孝養費已經不再是青壯年家庭的必要支出。然而，孝順父母仍然是東方家庭的傳統美德，平常不需支付孝養費的情況下，一旦父母遭遇一些重大意外，或是重大手術、住院，甚至慢性病治療等大額費用，勢必仍落到子女身上。

　　小安與小虹是北上奮鬥的北漂族，已經在台北買房定居、生子。然而兩人的父母分別遠在台中、台南，雖然父母目前的身體還算硬朗，財務狀況應該也還過得去，所以都沒跟小安小虹固定拿孝養費。但是小安夫妻相當擔心，萬一父母發生意外狀況，是不是要先做好大額醫療費用的準備？

　　小安與小虹的擔憂，是許多青壯年家庭的共同寫照。不過，要如何準備好這筆醫療預備金，必須視不同的家庭狀況來做準備。以下幾個重點，是規劃這筆預備金時須注意的地方，讀者可依自身情況適度調整。

▶ ① 老年投保，須審慎評估保費支出

「是不是需要幫爸媽添購一點保險，來減輕自己的負擔呢？」小安問道。這確實是相當直覺的反應，因為經過完整規劃的小安，知道正確地投保保險，可以在意外發生時，變出大錢來拯救全家的經濟。

然而，小安夫妻不清楚父母的資產狀況，更不曉得父母買了哪些保險，讓身為「三明治族」的兩人，著實傷透了腦筋。

準備父母醫療費用的第一個重點，是先盤點「**錢從哪裡來**」，可以是兄弟姊妹間協議分攤、父母資產變現、社會保險資源等等，並不是只能靠保險來轉嫁。

再者，即使父母身體狀況佳，可以投保健康險，每年高額的保費也不見得是最佳選擇。以國內某家壽險的實支實付保險費率為例（如下表），相同保障情況下，兩位年邁父母每年必須多支出 5.7 萬元保費（計算如下：38,909＋34,054－7,021－8,716＝5,7226），不論是誰來繳這筆錢，都是一個負擔。

35-44歲男	7,021	70-74歲男	38,909
35-44歲女	8,716	70-74歲女	34,054

另外，如果投保的是有**續保年齡上限**的險種（上面舉例的保險為 80 歲），那麼之後一樣會面臨無險可保的狀況。

所以，如果要採用投保的方式，**轉嫁醫療費用的風險**，建議仍然要請父母提供詳細的財務資訊、保單狀況，再請專業的保險人員進行評估與投保，才會是比較理想的方式。否則，在不清楚父母實際保障的情況下，貿然投保反而可能造成浪費，不能把預算花在刀口上。

▶ ② 資訊不明、體況不佳時，可考慮意外險、意外醫療

使用意外險組合，是不得已的選擇，在不清楚父母保障或是資產狀況下，若想減少浪費保費的情形，可以選擇各家保險公司的意外險專案。

不過，如果父母是退休族，可能投保的額度也無法太高。再來，一般意外險專案也可能設有續保年齡上限，若是年紀超過上限，就可能無法投保，或是必須改用銀髮族專案，但是保費也可能大幅增加，一樣必須斟酌使用。

而且，**意外險雖然相對便宜，但是別忘了，這部分的保障就沒有涵蓋因疾病而出狀況的範圍，依然有相當大的不確定性。**

▶ ③ 提撥父母醫療準備金

不論發生什麼事，**擁有可以變現的資產永遠是最佳的保障**

（千萬別以為買了保險就什麼都會賠，保險有很多除外條款）！
這樣的原則同樣適用於提撥父母的醫療準備金上，準備方式也可
依情況分為以下兩種：

1 父母體況不佳

倘若父母身體狀況已經開始惡化，小病不斷，隨時可能必須
動用醫療準備金時，建議是以銀行存款的方式來準備，可以一次
提足或是分批提撥。存款畢竟是流動性最好的資產，在隨時可能
要用的情況下，會是最佳的選擇。

2 父母體況尚佳

假如父母身體仍然相當健康，在相對有足夠時間的情況下，
也可以使用投資方式來準備，可以抵抗通膨，但是也不能太過積
極，**每月定期定額投入股債比 3：7、5：5 的投資組合，會是較
佳的選擇。**提撥後專款專用，假如父母一生健康、都沒使用到這
筆錢，當然是最好，這筆資金也不至於被通膨影響，減少了購買
力。

　小安與小虹聽完我的分析與說明後，決定採用分批提撥、定
期定額投資的方式，開始準備父母的醫療預備金，每月定期定額
5,000 元，直到該筆投資的金額達 30 萬元為止。

　小虹分享道，過去從來沒想過可以用這樣的方式，來準備父

母的醫療預備金。這樣的做法不僅可以減輕他們的擔憂，可以為父母盡一份孝心，同時也考量了他們的整體財務狀況，不會耽誤到其他財務目標，像是教育金、退休金的準備進度。

▶ 提前溝通、做好規劃，就能防患於未然

不論是採用上面哪種方式，或多或少都會耗損我們珍貴的財務資源，對於其他財務目標，像是孩子教育金、退休金的影響，也都是可大可小。

所以，最重要的是，正視財務資源有限的問題，提早與相關人等如兄弟姊妹、父母溝通清楚，並且仔細評估自己能負擔的金額是多少，千萬不要逃避。否則，沒有預先做好準備的情況下，事情發生時勢必手忙腳亂，而且可能也沒有太多選項，甚至親人間為此大傷感情，絕對不是每個人所樂見的。

所以，做好規劃，在還能有所選擇時防患於未然，並且依據需求選擇適合的策略與金融商品，才是面對人生中各種風險時，唯一不變的解決之道。

重點摘要

1. 父母醫療費用及早規劃：父母醫療費用是子女的潛在負擔，應及早規劃，並視父母身體狀況、財務狀況選擇適合的準備

方式。

2. **醫療預備金準備方式多元**：應評估父母與自身財務狀況，選擇合適的準備方式。

3. **溝通與規劃的重要性**：子女是父母的最後財務屏障，兄弟姐妹間應及早溝通，達成共識，才能在面對風險時有更多選擇。

 思考練習

- 身邊親友是否曾經發生過，老人家需支出大筆醫療費用的情況？當事的家庭是如何因應的？
- 如果類似的事件發生在我們身上，會如何因應？

┤ 花在刀口 ├

迎接新生兒，
買終身型的保險比較划算嗎？

　　每個孩子都是父母的心肝寶貝，所以孩子出生時，做爸媽的總是父／母愛大噴發，想為兒女準備萬全的保障，甚至照顧孩子一輩子。小文與小芳也不例外，正準備迎接二寶的他們，正考慮如何為二寶投保保險。

　　由於大寶出生時，小文與小芳尚未進入顧問服務，所以當時的投保我並沒有參與建議。如同多數消費者會做的決策，當時小文與小芳為大寶投保不少終身險，每年支出不少保費，想法不外乎來自以下業務員的類似說法：

★ 常見業務員話術

真心建議　手術險不動
住院／手術險本來就是醫療險的基本款。對我來說終身型的醫療險就像你買房子（繳完這保險就屬於你的，沒用到又會退還保費）。那繳附約或定期其實就有點像在租房子，繳到你 75 歲 80 歲這個契約什麼都沒有了且也不退還保費。

二寶出生後，為了公平起見，原本他們也是想為二寶投保以終身險為主的規劃，所以想問問我的意見。

在全生涯的財務規劃中，保險確實也扮演相當重要的角色，主要功能是在累積資產的期間，若是遭遇重大人身意外時，不致於讓家庭生活陷入困境、房子被法拍，或是被迫要拿存了好久的教育金來付醫藥費。

所以，**保險是在我們還不夠有錢時，支付部分保費轉移風險，最終的目的是希望盡快累積自己的資產，提高自身的風險承擔能力**。要知道，保險可不是什麼都保，**留在自己身邊的錢，才是我們最佳的保障**。所以，在建議新生兒的保單時，我會掌握以下三個原則去規劃：

▶ 原則 ① 大人優先於小孩

永遠別忘記，**在孩子能夠自立前，「父母才是孩子最大的依靠」**，所以在孩子出生時，自己的保障才是優先需要檢視的。

以我自己為例，假如我每月需負擔家中開銷 4 萬元，而最小的孩子距離 22 歲大學畢業還有 12 年，那麼我至少就需要 576 萬的保障（4 萬×12 個月×12 年＝576 萬），另外還有房貸、孩子教育金等，也必須和另一半討論是否列入保障項目。估算出保障需求後，再扣除我身上有的金融資產，例如存款、投資等等，就是我的壽險保障缺口。

更悲慘的狀況是，我可能不僅失去工作能力，還必須請看護照顧我，這會對家庭的財務造成多大的衝擊？

同樣的道理，當我需要住院、手術，甚至罹患重大傷病或是癌症時，需要多少錢治療並維持家庭生活開銷，這些都是有辦法大致估算出來的，雖然不是完全百分百準確，但是絕對比胡亂買一堆保險要好得多。

想像一下，如果夫或妻其中一方突然身故，家裡少了一半的收入，家庭會陷入什麼樣的困境？如果不是身故，而是長期癱瘓臥病在床，會不會更加慘烈呢？這樣的畫面，絕對可以透過事前好好規劃而避免。

▶ 原則 ② 優先考慮一年期、保證續保的保險

如果依照上面的方式評估需求，通常大家會覺得：天啊，要買這麼多保險，保費會不會很貴啊？

保險與投資的功能不同，保險是意外發生的當下，若面臨財務上的不足，可事先透過投保將風險轉嫁給保險公司，而轉嫁的成本就是保費。

若是要將一輩子的保險，趁孩子出生或年輕時就買足（也就是終身險），那麼保費當然會非常昂貴。但是如果只購買當下所需要的保障，其實保費就會便宜許多。

以目前市售常見的實支實付醫療為例，孩子每年支出的保費

大約僅需數千元，就可以在需要大筆醫藥費時的治療時，擁有數十萬元的手術、醫材等保障額度，若需要比較好的治療效果，比較有餘裕。然而，終身醫療險雖然保障終身，但是年繳保費都是萬元起跳（用 20 年時間繳完一輩子的保費，當然貴），理賠多是定額給付，約在數萬元之譜，需要使用高額醫材時，還須再三考量。

另外，購買終身險就是跟條款以及現在的醫療環境「綁定」，但是如果未來醫療方式越來越進步，等孩子年老的時候，保險條款也可能已經不合時宜，就算保障到終身，又有什麼用？更不用說必然發生的通貨膨脹，會讓定額給付的保障越來越不值錢。

所以，不論是對剛出生的孩子，或是家庭支柱的夫妻來說，**一年期、保證續保的保險，像是定期壽險、失能險、實支實付醫療險、重大傷病險等，會是主要的投保項目。**

▶ 原則 ③ 全家保費支出不宜過高

保費是轉嫁風險的成本，購買保險固然重要，但是過高則會排擠家中的其他支出或儲蓄。一般來說，**全家總保費若為家庭年收入的 10% 上下**，絕對可以購買到相當足夠的保障，若是超過太多，則有需要重新檢視與盤點。

回到最前面業務員的說法，我的回應會是：正常情況下，房

子會隨著通貨膨脹增值，但是保障、退還本金只會隨著通膨貶值。等到孩子 70 歲時，可能根本起不了保障的作用，但我們卻得為了這個保障，在此時支出過多的保費。

再者，通常這類終身險的保障也不會比定期險來得多、來得廣，就像拿一個兩房的房子跟透天厝比，兩者的比較基礎根本不一樣，用買房來比喻保險的話術，只會迷惑、誤導消費者。

保險的保障與保費，都是保險公司事先精算過的，羊毛出在羊身上，絕對不會有讓人撿便宜的保險。所以，**不是說終身醫療險一定不能買，最終還是要回歸到需求與規劃，選擇符合自身目的的保險，才能讓保費真正花在刀口上！**

聽完我的說明與建議，最終小文與小芳為二寶選擇以定期險為主的保險規劃，同時也微調大寶的保障內容。每年減省下來的保費，則保留給兩位孩子，開始定期定額投資。

更重要的是，小文與小芳也補足自己的保障缺口，能夠更無後顧之憂地陪伴兩位孩子長大！

重點摘要

1. **父母為家庭經濟支柱**：在孩子還無法自立前，父母的保障是家庭最重要的支柱。

2. **評估保障需求**：透過計算家庭開銷、房貸、教育金等，評估父母的壽險保障缺口，並考量失能、重大疾病等風險。

3. **優先考量定期險**：一年期、保證續保的定期險如定期壽險、失能險、實支實付醫療險等，能提供足夠的保障且保費較低。

 思考練習

- 你也有為孩子投保的經驗嗎？當時是如何決定孩子的保險規劃呢？
- 除了孩子以外，是否也重新審視大人的保障需求？

風險承擔

保險買全餐，保障才足夠？

　　陳先生是一名公司主管，收入及財務狀況都相當不錯，但也因為這樣，常常有從事保險業的親友，上門推薦各種保單。也因此，陳先生最終還是買了不少保險，保險費用也占了支出花費相當大的比例。

　　這些業務員在推薦保單時大多會說，這些保單不僅可以提供保障，還能幫助儲蓄並增值，而且保單買多一點，保障才會夠。陳先生聽了覺得有道理，最終夫婦倆連同兩個小孩，都買了不少保單，包括高額的終身壽險、儲蓄型保險，以及投資型保單。

　　然而，隨著時間的推移，陳先生發現事情好像跟當初想的不一樣。有些保單的收益遠低於他原本的期望。陳先生不想把錢花在這個地方，想要中止部分保單，但發現有些保單的解約金非常低，甚至不足以填補他已經支付的保費。

　　更糟糕的是，在陳先生和我們討論後，發現這些保險產品的高額保費，也影響到家裡的一些換房、換車、旅遊、小孩子未來出國等財務決策，甚至影響到儲蓄及投資長期能累積的資產。所

以我們都需要好好檢視一下，自己對保險轉嫁風險的需求是什麼，再考慮用什麼保險來轉嫁可能遇到的風險。

▶ 你買的保險真的保險嗎？

買保險是台灣人的家常便飯，光是人壽保險及年金保險的投保率，在 2023 年就達到 263.53％，意思是有效契約件數，每人平均有 2.63 張保單，在 2022 年之前，這個指數是逐年上升的（請見右表）。雖然 2023 年略有下滑，但近幾年都在 2.6 左右的範圍。而且**這 10 年來，每人平均保費的支出（保險密度）都在每年 10 萬元以上。**

越來越多人買保險，保費支出也越來越高，這表示是保險意識抬頭嗎？我們可以思考一下，自己清楚保單的內容嗎？還是這些保單中，其實包含許多人情保險？或連自己都不清楚的保險呢？

買保險是個有效面對風險的方法，但有許多前提需要留意，尤其是購買保險是要支付成本的，保險費的支出會影響到能存下來的錢，萬一購買的保險商品你並不需要，就變成花錢買了不太需要的東西，並沒有把錢花在刀口上。

★ 保險密度、滲透度及人壽保險、年金保險投保率表

表3、保險密度、滲透度及人壽保險、年金保險投保率表

Table3：Insurance Density, Insurance Penetration, and Ratio of having insurance coverage of Life Insurance and Annuity

年 Year	保險密度 （元） Insurance Density (NTD)			保險 Insurance	滲透度 Penetration (%)		人壽保險及年金保險 Life Insurance and Annuity		
	總計 Total	財產保險 Non-Life Insurance	人身保險 Life Insurance	總計 Total	財產保險 Non-Life Insurance	人身保險 Life Insurance	投保率 % Ratio of having Insurance Coverage	普及率 % Ratio of Prevalence	壽險平均分紅利率 % Average dividend Rate of Life Insurance %
2007	86,578	4,904	81,674	14.87	0.84	14.03	196.03	310.82	2.47
2008	87,971	4,677	83,294	15.45	0.82	14.63	203.27	329.61	2.69
2009	91,195	4,406	86,790	16.32	0.79	15.53	204.84	341.15	0.95
2010	104,423	4,568	99,855	17.20	0.75	16.45	210.72	313.53	1.07
2011	99,514	4,867	94,647	16.21	0.79	15.41	215.84	318.75	1.34
2012	111,462	5,167	106,295	17.71	0.82	16.89	222.97	320.29	1.42
2013	115,876	5,344	110,532	17.74	0.82	16.92	229.67	311.20	1.42
2014	123,896	5,642	118,254	17.86	0.81	17.04	230.61	290.86	1.42
2015	130,376	5,794	124,581	17.96	0.80	17.16	234.16	282.96	1.40
2016	139,310	6,201	133,109	18.68	0.83	17.85	240.35	282.14	1.16
2017	151,750	6,648	145,102	19.89	0.87	19.02	246.04	281.82	1.08
2018	155,885	7,021	148,865	20.01	0.90	19.11	249.45	295.00	1.08
2019	154,379	7,505	146,874	19.27	0.94	18.33	256.09	301.79	1.08
2020	142,271	7,984	134,287	16.83	0.94	15.89	260.49	291.14	0.88
2021	135,979	8,875	127,104	14.97	0.96	13.71	264.81	275.99	0.81
2022	109,848	9,508	100,340	11.27	0.98	10.29	266.08	270.75	1.13
2023	103,871	10,451	93,421	10.34	1.04	9.30	263.53	270.55	1.59

資料來源：財團法人保險事業發展中心
註：1.保險密度：每人平均保費支出。
註：2.保險滲透度：保費收入對GDP之比率。
註：3.人壽保險及年金保險投保率：人壽保險及年金保險有效契約件數對人口數之比率。
註：4.人壽保險及年金保險普及率：人壽保險及年金保險有效契約保額對國民所得之比率。
註：5.人壽保險平均分紅利率(強制分紅)：以臺灣銀行、第一銀行與合作金庫銀行等三家銀行當月份第一個營業日牌告之二年期定期儲蓄款利率為準。

Source: Taiwan Insurance Institute
Note:1.Insurance Density: average insurance expenditure per capita.
Note:2.Insurance Penetration: the ratio of insurance premium to GDP.
Note:3.Ratio of having insurance coverage of life insurance and annuity : the ratio of number of in-force policies of life insurance and annuity to the number of population.
Note:4.Ratio of prevalence of life insurance and annuity : the ratio of sum assured of in-force policies of life insurance and annuity to national income.
Note:5.Average dividend rate of life insurance : based on the listed interest rate of two-year fixed deposit of the first workday in the given month set by Taiwan Bank, First Bank, and Taiwan Cooperative Bank of China.

資料來源：保險發展中心

▶ 保險是要解決「承擔不起」的風險

　　保險真的要帶給我們的保障是，萬一我們不想要的事情發生時，能啟動保險來幫我們承擔。我們無法一味期待壞事不發生，因為**無法確定的事情才是風險，而無法承擔這個風險就是最大的**

風險。

　　我們不需要把所有風險都轉嫁保險承擔，因為這樣反而可能因為保費太貴，拖垮了生活跟未來。**我們需要保險轉嫁的是，發生機率雖然不高，但一發生就可能讓你的生活過不下去的事情。**就好像下雨撐傘或穿雨衣一樣，是為了讓重點部分不淋溼，其他如褲腳或鞋子溼了，至少不太影響我們的活動。

　　有哪些是我們必須考慮轉嫁給保險的風險呢？

1 需要考慮保險轉嫁的風險（發生了會對生活有巨大影響）

　　(1)醫療：這包含比較重大的醫療行為（小病自己處理就好），現在的醫療型態下，**建議還是要以有實支實付的醫療險為準**（醫療水準提升，住院天數會受影響而降低，平均住院花費有**65% 在藥費、雜費、其他費用**），**日額型已經不再是重點**（也不特別列出意外險，因為比較大的風險缺口中，買一般醫療險本來就包含疾病跟意外的範圍）。

　　(2)重大傷病（含癌症）：重大傷病內容可以參考衛生福利部中央健康保險署公告-《全民健康保險重大傷病內容》，共計 30 大項。萬一得到重大傷病，最直接影響的是工作能力與生活，因此需要考慮萬一受影響時的花費，讓自己有機會重返職場，或至少能啟動失能保險、壽險。另外，癌症可能需要獨自考慮，因為積極治療癌症的費用，會遠高於其他重大傷病。

　　(3)失能照護：萬一不幸失能，除了影響工作與生活，甚至

有需要被照護的可能，尤其一旦久病臥床，可能會拖累心愛的家人，畢竟無論家人照顧或請人照顧，都會是相當大的負擔。我們需要思考，失能後不健康餘命約在 8～9 年，以及不同照護形式的花費也不一樣，最終要有什麼方式及金額的準備。

(4) **身故**：身故要考慮的是，萬一自己不幸走了，有哪些責任未了，如小孩子跟父母的教養及孝養費用、對另一半的照顧、各種貸款餘額……等。

(5) **對第三人責任**：這意思是萬一發生某些事情，導致我們對其他人有責任，我們不能讓這個責任拖垮自己及家庭的生活。比較常見的保險轉嫁有汽機車責任險、產品責任險、雇主責任險……等。

② 不需要考慮保險轉嫁的風險

(1) **投資**：保險不是投資最好的方式，保險是為了放大槓桿，以小保費換得大保障的方式；投資可以依據自己的人生目標，自行打造投資組合。

(2) **儲蓄**：有些錢的使用可能是為了短期需求，譬如明年買房的頭期款，這種預計使用的時間比較近，不適合投資（波動比較大），也不適合用保險做儲蓄（有年期限制），反而應該將錢存到銀行做準備。

(3) **退休**：退休跟投資需求比較接近，退休通常離現在的時間比較遠，我們常說時間可以沖淡一切，其實也包含風險，因為

更有調整及檢視財務狀況的空間。我們可以運用財務規劃,確立目標跟執行方法,再打造長期的投資組合來準備。在這種前提下,運用保險準備退休不會是首選。

▶終身型保險較好?那可不一定

買保險不是面對風險的唯一方法,因為購買保險需要考慮保險支出,這些支出如果過高,會影響到儲蓄的累積,以及是否有足夠的現金流投資,為未來準備。

在這樣的前提下,保險有個重點是,**要保的是眼前的風險,不是遙遠未來的風險。**因為這種風險不一定會發生,我們擔心的是有沒有能力承擔這些風險。**如果當你財務規劃好,資產累積到可以處理原本需要保險轉嫁的需求金額,那就不一定需要保險。**

如果因為擔心未來沒有保險,卻買了終身型的保險,可能會造成下列影響:

1 保費太貴或保障太低

因為這把未來考慮的風險,都拉到近 20 年內繳費,如果不想保費太貴,那保障就會低;想要保障高,就影響到保費支出可能壓垮生活。

2 通膨影響

　　你現在保障的金額，並不會隨通膨成長，有可能當下自己覺得保障還可以，卻在未來要用到時，發現一點都不夠用。

③ 保障型態改變

　　無論是**需求改變**，如小孩子長大或房貸繳完了，或者**醫療型態改變**，如醫療手術越來越進步，不可能迎合舊保單而使用舊的醫療行為，**終身型的保單都沒什麼彈性調整的空間。**

▶ 買保險前，務必先考量 3 件事

① 確定目標跟需求

　　前文提到那些**發生了會對生活有巨大影響的風險**，實際的需求金額會是多少呢？我們就需要將這幾種風險的需求評估進去，例如，小孩子跟父母的教養及孝養費用、對另一半的照顧、各種貸款餘額……等。但不一定要將這些金額都當作保額的需求，像貸款餘額其實仍然可以有轉貸延緩時間、將房子賣出等其他選項，所以可以仔細評估解決的方式。

② 檢視財務狀況

　　在考慮風險的需求時，也需要考量保險的支出變化，跟自己現在財務的影響。萬一你年收入 100 萬，卻有 60 萬在支出保險費用，這就會排擠到生活品質，以及影響到有沒有足夠儲蓄

累積資產，來面對未來。如果說抓一個預算評估保險支出，在確定目標跟需求後找出對應的保險後，**保險費用約占家庭年收入的 10%～15% 左右**，大致上能符合需求，但真正細節占比會依每個人目標、財務狀況略有差異。

③ 確立資產累積的計畫

保險只是個面對風險的策略，我們考慮資產不夠應對重大風險時，才需要保險轉嫁風險。因此需要考慮未來生活及目標需要的金額，在盤點收入及支出的情況下，能有多少儲蓄打造穩固的投資計畫。以及在什麼時間點，我們可以有不需要保險的自由。

重點摘要

1. 風險需不需要轉嫁，要先看自己有沒有需求，再考慮選擇保障型的保險產品；投資跟儲蓄則不一定要購買保險產品。

2. 保單多或保費多都不代表保障充足，保險需要從自己承擔不起的風險開始考慮。

思考練習

- 保單的關鍵是解決風險轉嫁的問題，所以需要考慮的是保障型的保單，盤點一下自己有哪些保單，保障型的內容占了保費的多少比例呢？

- 檢視一下，自己的保費支出有沒有超過家庭年收入的 15% 呢？若超過則可能保險買太多了，低於 10% 則需思考是不是有些保障需要轉嫁保險，但自己沒想過呢？

房市循環

買房穩賺觀念 OUT！
入不敷出反而犧牲未來

　　美齡在幾年前剛結婚的時候，用自己和先生存的一些積蓄，以及父母的幫助，買了第一套房子。隨著房價不斷攀升，她發現房地產似乎是一個不錯的投資機會。他們在受到朋友和仲介的鼓勵下，決定繼續購買第 2 間及第 3 間房，並且都盡量使用房貸的方式來進行，反正一開始盡量申請寬限期，只要繳利息，而且房子出租的租金可以拿來繳房貸。

　　一開始，隨著前幾年房價上漲，美齡及先生的資產也跟著增加。然而，這一切在經濟狀況有些變化、政府希望抑制房地產快速上漲的趨勢、保障居住正義（如新青安貸款）、銀行對房地產漸漸保守看待等各種因素相互影響下，美齡發現自己的財務狀況好像有點問題，隨著各個寬限期到期，小孩子的開銷變大，定期的還款壓力壓得他們喘不過氣。

▶ 就算房市熱，仍有供大於求的情形

由於手頭現金不足，美齡開始感到壓力倍增。她與先生的月收入幾乎都用於償還貸款，導致生活品質大幅下降。她不得不縮減日常開支，甚至放棄了一些基本的娛樂活動，但仍無法完全支應。隨著儲蓄漸漸減少，美齡他們決定還是先把一棟房子賣出，減輕壓力。

但房子不是想賣就能賣掉的，隨著市場環境改變，賣房子也變得比較困難，美齡即使想要以獲利的價格出場，但因為自身的財務狀況等不下去，最終還是以虧損的價格出售其中一套房子，來償還部分貸款，也因此讓原本期待的投資計畫徹底失敗。

美齡的例子不是特例，有不少客戶在來找我們做財務諮詢或財務規劃前，都遇過這些問題，而且都是等到產生實質困擾時，才不知道該怎麼處理。因為一開始，他們都覺得房地產投資穩賺不賠，但真相是，**在政策和市場環境發生變化時，過度依賴貸款的槓桿買房，在缺乏足夠資產、沒有彈性的現金和風險應對能力的情況下，可能會帶來嚴重的財務後果。**

▶ 房產增值需要時間發酵，看得到不一定賺得到

記得 27 年前，我媽媽在屏東市買了一戶新成屋不久的華廈，近屏東大學屏商校區、國仁醫院，以現在來說，也在屏東菸

223

廠文創特區、演藝廳附近。當時正值上一波房地產泡沫的前夕，正要面臨價格大修正，只是家裡的人不會想這麼多，只想有一個自己的家。

3房2廳2衛2陽台加1個車位，價格我記得爸媽說過有420萬（數字不太確定，但有400萬以上），在入住後幾年，台灣房地產泡沫，許多建商跑路，附近一堆沒有蓋完的預售屋，一時間大家聞預售屋色變。同時我家庭也遭逢劇變，在房子購入7年後，以180萬被法拍。當下情況，原本400多萬的價格只能買到華廈，變成可以買得到透天厝。

現在查詢到2024年度（最後一筆交易紀錄是2017年），同一棟華廈「時價登錄」，交易區間大概在200多萬，近幾年更是沒有交易的紀錄。經歷了20幾年，我查詢附近不同社區的房價到2024年的漲幅，因為近幾年房地產較熱，終於超越當初的價

★ 當年買房的社區華廈

地段位置或門牌	社區簡稱 ❓	總價(萬元)	交易日期
⊕ 屏東市 ▓▓▓▓▓		265	106/06/12
⊕ 屏東市 ▓▓▓▓▓		220	106/04/20
⊕ 屏東縣屏東市 ▓▓▓▓▓		220	105/05/04
⊕ 屏東縣屏東市 ▓▓▓▓▓		250	102/07/30
⊕ 屏東縣屏東市 ▓▓▓▓▓		199.8	102/06/04
⊕ 屏東縣屏東市 ▓▓▓▓▓		180車	101/10/29

資料來源：內政部不動產交易實價查詢

位，約在 450 萬～550 萬之間。

　　所以，房市景氣總是有循環，雖然時間越長可以看到向上增長，過程卻不總是一帆風順，如果因為其他財務或意外因素、地區因素、身家都在房子上……等，最後都不一定是我們要的結果，即使看到房價最終漲上去了，賺的人卻不一定是自己。

▶ 房地產增長的 2 個特性

　　就像前面文章提到我自己的經歷，**房地產是有循環期的，而且漲幅也不會是每年穩定成長的線性漲幅**，這種現象其實不是房地產獨有的，各種跟經濟狀況連動的資產類別，都會有這樣的特性，例如股票、債券都是，只是資產長期成長率與波動性不同而已，所以不動產有 2 個特殊的特質：

1 生產力本質

　　資產長期增長的本質是「生產力」，而「生產力」到底是什麼？歸根究柢來說，就是人們為了想要過更好的生活，而做出的實踐與產出。每一次發現的新科技、應用方式，都會對我們的生活產生改變，使我們過得越來越便利，也越來越舒適。每一次科技改變影響到產業改變，也影響到民眾的需求及服務，並衍伸出當地居住及相關需求，公司股價、當地房地產就會隨著這些因素提升。

2 價格與價值不一定一致

既然房地產的增長是生產力本質，那表示**價值的發酵需要時間**，例如，**公司創業→開發新科技→真的產生出需求→相關產業鏈發展→相關產業人士收入提升→消費能力提升→房地產升值。**

這樣的過程是需要時間的，但人們買賣的過程卻不一定跟隨價值變化。如果在炒作時期，甚至產生了台積電到某地設廠，就先讓房地產升一波的現象，但真要維持住這個價位，還是需要等待發酵過程。

這也是為什麼價格總是上下起伏，但只要時間夠久，終究還是會往上成長的原因，本質上這是**供給與需求**的變化問題，長期來看仍取決於經濟（生產力），否則產業經營、大眾消費能力低落好幾年的狀況，是難以支撐不匹配的房價的。

戰後的台灣，無論是房地產的大盤指數或股票的大盤指數，我們把時間拉長，都會看到可觀的報酬。但是如果是把身家壓在某一間房或某一檔股票，那就不一定了，或許總有一天回漲，但不一定等得到，就像經濟學家凱因斯說的一樣：「長期來說，我們都死了。」

▶ 買房是為了什麼？

其實這篇文章不是叫大家不要買房，而是我們要先想想，到底什麼是我們想過的生活，買房這件事對我們的影響到底是什

麼，不是只期待買了會漲，也不只是理所當然覺得應該要有房。

　　在年收入越低的族群，房貸卻越多的現況下，我相信很多人沒思考過，也很輕易地做出超越自己能力的事，沒發現我們想買房其實是情感因素，受五子登科等觀念影響，卻不知道同時五子登科，你可能就沒有想要的未來了。

　　因為**你的房貸每借一筆錢，其實是跟未來的自己借錢**，請跟未來的自己溝通錢到底想怎麼用，讓彼此都過著喜歡的生活。價格是人給的，但你付出價格跟得到的東西，價值不一定等價，**專注自己真正想過的生活，來連接未來與現在**，才不會輕易受價格操弄、受外在人事物影響。人生是需要規劃的，我們再思考一次，什麼是我們想過的生活，做一件事情的時候是為了什麼。

　　分享一段我很喜歡的話給大家：你穿著為工作買的衣服，你開著付貸款的車上班，你努力工作是為了買衣服、買車，再買一棟整天不在家的房子，然後大家告訴你這叫「正常」，你自己也深信不疑。（註）

重點摘要

　　1. 房地產大盤長期看漲的機會很高，但是換成單一房子就不一定了，房地產是有循環的，成長率也不是線性成長，關注好自己的財務狀況反而更重要。

　　2. 如果是自住需求，那買房就是個重要的考量，若只是為

了投資目的，則不一定需要選擇房地產，最終還是要了解自己各種目標的需求，再做出適合自己的決定。

 思考練習

- 計算一下自己的「**負債比**」及「**貸款負擔比**」，如果不在建議範圍內，就表示有紅字囉！很可能需要檢視跟調整財務狀況。

財務指標	評估方向	公式	建議比率
負債比	總負債占總資產比例，評估長期資產結構是否健康	總負債／總資產×100%	小於40%
貸款負債比	貸款月支出占月收入比例，評估貸款負擔是否太大	月貸款支出／月收入×100%	小於30%

註釋

1. 這段話改編出處：《零工經濟來了》作者黛安・穆卡伊，提到艾倫・古德曼的一段話。

| 節稅誘因 |

勞退自提 VS 自行投資，
哪種收益更好？

　　小定是位認真辛勤工作的工程師，收入還不錯，不過在每年 5 月都會有一筆不小的所得稅支出。有一次，小定在報章媒體上看到，雇主每個月會固定幫勞工提撥薪資 6% 的退休金，而勞工自己也可以增加提撥，而且提撥的金額不會計入薪資所得，可以省下一些所得稅。

　　對於收入高、稅率高的小定來說，每月提撥金額 6,000 元，每年累積提撥可達 72,000 元，若是稅率達 30%，節省的稅賦達 21,600 元，節稅效果還算顯著，看似相當有吸引力，所以小定想問問我的看法。

▶ 先考慮是否符合自身需求

　　勞退自提最大的優點，就是可以**遞延稅負**。自行提撥的金額，不列入當年度所得，所以不會被課徵所得稅。而開始提領退休金時，只要金額低於免稅額度，就不需要繳稅。

但缺點就是有部分的「可支配所得」，必須存入自己的退休金專戶中，而且最快要到 60 歲才能開始提領。所以，**單純討論「勞退自提」或是「自行投資」哪個效益好，就要看是省的稅比較多，還是投資績效勝過勞退基金比較多。**

所以在開始討論前，我們先來認識一下勞退基金。

▶ 新制勞退基金：股票 55%＋固定收益 45%

以下是 2024 年 5 月底新制勞退基金的資產配置表：

113 年 5 月 31 日　　　　單位：新臺幣元

項　　　　目	餘　　額	占基金運用比率（%）
自行運用	1,755,331,018,922	40.57
轉存金融機構	512,771,970,036	11.85
短期票券	93,642,125,731	2.17
公債、公司債、金融債券及特別股	235,871,380,436	5.45
股票及受益憑證投資（含期貨）	228,209,292,113	5.27
國外投資	684,836,250,606	15.83
固定收益	567,539,249,416	13.12
權益證券	58,307,570,882	1.35
另類投資	58,989,430,308	1.36
委託經營	2,571,229,407,817	59.43
國內委託經營	564,252,192,232	13.04
國外委託經營	2,006,977,215,585	46.39
固定收益	527,834,585,347	12.20
權益證券	1,031,833,272,426	23.85
另類投資	447,309,357,812	10.34
合　　　　計	4,326,560,426,739	100.00

如果將上表中的資產歸類為兩大項：固定收益、股票，可以得到如下的比例：

固定收益	約當現金 （轉存金融機構、短期票券）	14.02%
	公債、公司債、固定收益等	30.77%
股票	權益證券（權益證券、另類投資）	55.21%

　　從這邊可以知道，新制勞退基金目前是一個股票 55%、固定收益 45% 的基金，但是**為了兼顧流動性，所以固定收益類的資產中，有大約三分之一是報酬率較低的約當現金，也因為這樣的架構，相當程度拖累了整體基金的報酬率。**

　　下頁圖表（上）是勞退基金自 2007 年以來的報酬率，17 年來累積是 109.19%，**年化報酬率是 4.43%**。另外，也別忘了勞退基金的另一個重要特性：**最快 60 歲時才可以開始領取。**以上我們先分析勞退基金的內容，做為下一步判斷的依據。

▶ 5 年內準備退休：適用 55／45 股債比配置

　　那麼我們該用什麼樣的原則，來判斷是否合適呢？下頁圖表（下）是定方財務顧問協助客戶資產管理時，依據不同目標情境、股債比，進行資產配置時的原則。依勞退基金股債比 55／45 來看，大概**適用於距離退休 5 年左右的資產配置，而退休後也適合繼續持有**，過去 16 年來的績效 4.43%，也符合 4～5% 的目標報酬率。

★ 勞退基金自 2007 年以來的報酬率

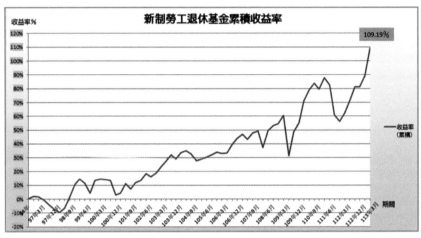

新制勞工退休基金累積收益率

註：
- 新制勞工退休基金在 96 年 7 月 2 日，勞工退休基金監理會成立之前，係以存儲金融機構之方式保管。
- 到 113 年 2 月底，新制勞工退休金提繳人數為 7,515,829 人。
- 基金累積收益率係以季度為計算基礎，且依基金規模及投資報酬變動調整，金融市場表現反覆起伏波動，基金投資布局獲取長期穩健收益。

目標報酬率（費用後）	適用目標情境（距退休時間）	股債比
3%	1～3年、退休	30／70
4%	3～5年、退休	50／50
5%	5～7年	70／30
6%	7～10年	90／10
7%	10年以上	100／0

　　而對於距離退休還很久的青年族群，如果有能夠長期穩定累積報酬的方法，那麼選擇較高的股債比例進行資產配置，應該是較有效益的方式。

▶ 10 年內準備退休：再來考慮遞延賦稅

　　遞延稅負的效果，也是可以試算的，以 30 歲的小定來說，目前所得稅率為 30%。預計 60 歲退休並開始提領勞工退休金，若自行運用，預期可獲得年化 6% 的報酬率，若未來勞退基金報酬率假設為 4%，則目前暫時不用自提。而在其他條件不變的情況下，也可以算出大約從 41 歲以後開始自提，會較有利（若假設勞退基金報酬率為 3%，則變為 47 歲）。

設算情境		自提勞退時間點試算	
現在年齡	30歲	從41.3歲	開始自提較有利
開始提領勞退金年齡（需大於60歲）	60歲		
提領前自行投資之「年化報酬率」	6.00%	備註： 1. 本試算適用於勞工退休金新制（94年7月1日施行）	
提領前勞退基金之「年化報酬率」	4.00%	2. 提領退休金時，每年提領或一次提領之金額低於免稅額	
綜合所得稅稅率	30%		

也就是說，30 歲的小定若是保留資金自行運用投資，雖然無法省下稅，但是每年贏過勞退基金 2% 的情況下，有足夠的時間超過稅負效益。

對於預計 60 歲退休、所得稅率 20% 以上的族群，大概 50 歲前後，也就是**距離退休 10 年，再來試算是否自提即可**。所得稅率越高，就要越早開始規劃。

▶ 越年輕越要注意通膨

規劃退休這樣的長期財務目標，千萬不能忽略通膨。一些新聞可能會試算勞退自提加勞保老年給付，可以讓我們退休後一個月領到 6、7 萬，看似相當吸引人，對嗎？

然而，對於 30 年後才要退休的小定來說，即使可以月領 7 萬元，經過 30 年、2% 的通膨後，實質購買力只剩下 38,645 元，影響相當巨大。

了解現行勞退基金制度、基金架構、遞延稅負效果，並考量通膨影響後，依照勞工的年紀，大致可以有以下的結論：

一、45 歲以上、所得稅率大於 20% 者，可開始考慮是否勞退自提 6%。

二、非上述族群，可以不用考慮自提。

三、如果是錢包漏洞、存不下錢、投資沒有方法與耐性的

人，不論幾歲都該考慮自提。

　　經過以上分析後，因為小定有規劃好自己的長期投資計畫，便暫時打消自行提撥的念頭，還是先將資金投入長期投資組合中，等到年紀更大或是稅率更高時，再來考慮是否開始提撥。

　　我們可以將勞退基金視為一種金融工具，它的特性是：可以節省稅負，但是要到 60 歲才可以開始提領，長期的年化報酬率大約落在 3～4％。工具或商品本身並沒有好與壞，而是必須搭配自身情況，來選擇適合的金融工具，才能創造最佳的理財效益。

> 66　自提省稅好不好，
> 　　全面評估才知道。　99

重點摘要

　　1. 自提是否划算，需綜合考量個人情況：勞退自提最大的優點是遞延稅負，但缺點是資金鎖定至 60 歲才能提領。是否划算，需考量個人年齡、所得稅率、投資能力、風險承受度等因素。

　　2. 勞退基金的特性與績效：勞退基金以股票與固定收益為主，但為了兼顧流動性，固定收益部分比例較高，影響整體報酬

率。過去 17 年年化報酬率約 4.43%，適合距離退休 5 年左右的資產配置。

　　3. 45 歲以上、所得稅率大於 20% 者：可全面評估是否勞退自提 6%。

 思考練習

- 你有聽過勞工退休金嗎？還是你也有自行提撥退休金呢？
- 想知道目前自己有累積多少退休金嗎？可以到勞保局 e 化服務系統查詢看看喔！
  https://edesk.bli.gov.tw/me/#/na/login

| 績效衡量 |

投資報酬率多少才算合理？

　　每次當股票市場大好的時候，總是會有許多「少年股神」冒出頭，貼對帳單炫耀自己的報酬率，在自媒體當道的時代，還會透過社群媒體、短影片持續渲染造神，讓不明就裡的人好生羨慕，希望自己也可以成為賺大錢的人。

　　「輝達最近一年半以來，報酬率高達 900％」、「勞退基金的年化報酬率是 4％ 左右」。過去身為交易室主管，現在是財務顧問，總會讓人「誤會」我的手中握有什麼明牌。有些朋友會有意無意地試探，或是直截了當地問：「哲茗，有沒有報酬率達×× ％ 的投資？」（××可自行帶入 20 以上的數字）

　　報酬率是用來衡量績效的重要指標，財務顧問當然很重視。但是，上面提到的兩種報酬率，其實代表了不同的意思，究竟要怎麼看，才不會霧裡看花？報酬率的合理區間又是多少呢？

　　然而，追逐報酬率的背後，其實指向一個更關鍵的問題：能不能快點達到財務自由？我們先來聊聊報酬率。

▶ 什麼是總報酬率（Total Return）？

總報酬率就是在各家下單軟體中見到的報酬率，計算方式也相當直觀，就是用獲利／損失（除以成本），通常軟體也會貼心地將交易手續費、證交稅等交易成本計算進去。

舉個例子，小明投資一檔 ETF，假設買入的成本是 10 萬元，目前的市價是 11 萬元，那麼小明的總報酬率就是：1 萬元／10 萬元＝10%。所以，「輝達最近一年半以來，報酬率高達900%」，這邊的報酬率，指的就是總報酬率。

▶ 什麼是年化報酬率（Annualized Return）？

總報酬率雖然直觀，但是當不同的報酬率之間要做比較時，就少考量了一個重要的因素：**時間**。延續前面小明的例子，小明的 10% 總報酬率，是持有 1 個月、1 年，還是 10 年？這三者應該是不一樣的吧？所以，為了能有一致的基準來做比較，所以一律化作「年」為單位。也就是說，上面不同時間的 10% 總報酬率，是每年多少報酬率「複利」得來的。

所以，年化報酬率的計算公式如下：

年化報酬率＝（1＋總報酬率）^（1/T）－1
（T 為持有的時間，單位為年）

總報酬率 10%，不同持有期間的年化報酬率如下：

1 個月	214%
1 年	10%
10 年	0.96%

因此，如果小明的 10% 總報酬率，是僅持有 1 個月就得來的，若能維持這樣神勇的表現，小明的年化報酬率就是 214%。反之，若是小明持有 10 年才有 10% 的總報酬率，那麼年化報酬率甚至不到 1%，比定存還不如。

透過年化報酬率，不同報酬率之間的比較才會有意義。

▶ 報酬率多少才叫高？

回答這個問題前，我們務必記住，比較總報酬率是沒有意義的，所以這個問題的報酬率，指的都是「年化報酬率」。至於多少才算高？各種金融資產的合理報酬率是多少？這邊引用Jeremy Siegel 教授長達 220 年的統計資料來看，會是比較有公信力的。

從 1802 年到 2021 年，投資於股票的年化報酬率為 6.9%，而債券則為 3.6%。不過 Jeremy Siegel 教授的統計，是扣除掉通膨的結果，若將通膨加計回來，年化報酬率會再更高一些。

所以，我們常會說，一個投資組合長期的年化報酬率，**合理**

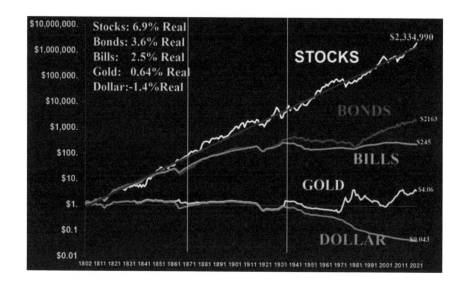

$10,000,000.	Stocks: 6.9% Real				STOCKS		$2,334,990
$1,000,000.	Bonds: 3.6% Real						
$100,000.	Bills: 2.5% Real						
$10,000.	Gold: 0.64% Real					BONDS	$2163
$1,000.	Dollar:-1.4%Real						$245
$100.						BILLS	
$10.				GOLD			$4.06
$1.							
$0.1							
$0.01					DOLLAR		$0.043

1802 1811 1821 1831 1841 1851 1861 1871 1881 1891 1901 1911 1921 1931 1941 1951 1961 1971 1981 1991 2001 2011 2021

<u>**區間會落在 5～8% 之間**</u>，股票占比高，就越接近上緣，反之就越接近下緣。

一個投資組合的年化報酬率 7%，看起來似乎平淡無奇，但如果持有期間長達 30 年，其總報酬率就是 661%，也就是 6.61 倍，這就是我們耳熟能詳的複利效應了。

▶ 報酬率還要與指數比較

另外，我們也常聽到基金經理人自稱「超越大盤」，所以與大盤的被動投資比較，才可以衡量出操盤的功力。如果年化報酬率 6%，看似落在 5～8% 的合理區間，但是如果比較區間的大

盤報酬率高達 8%，顯然就是不及格的。

另外，要真正衡量一位經理人是否真正擊敗大盤，必須看很長一段時間，可能是五年、十年，甚至更長的時間才公允。這邊以股神巴菲特執掌的波克夏為例，從 1965 年到 2023 年的時間，波克夏的年化報酬率達 19.8%，而同期間的標準普爾 500 指數是 10.2%。

波克夏每年多 9.6%，看似不多對嗎？但是這段期間投資波克夏的總報酬率，高達 4,384,748%，遠高於標準普爾 500 指數的 31,223%，這就是巴菲特被稱為「神」的原因。

▶ 年輕時理財首重收入支出、資產負債管理

有一段金句，我想大家或多或少有聽過：「**本小利大利不大；本大利小利不小。**」

舉例來說，如果我們手邊只有 10 萬元可以投資，那麼即便投資報酬率高達 30%，每年也不過是 3 萬元的報酬。更何況，從前面的分析來看，如果號稱年化報酬率 30%，大概只有上帝跟騙子才說得出口。

所以，**相對年輕的時候，或是開始累積資產的初期，更要重視收入支出、資產負債的管理，每個月能夠多存下 3、5 千元，效益都遠遠高過投資報酬**。隨著一段時間經過，或許十年，或許二十年，當投資的資產來到一定的金額，比如說 500 萬時，即便

投資報酬率「只有」6%，每年的報酬都高達 30 萬，而且未來還會持續複利累積。

龜兔賽跑的寓言故事，相信大家都一定聽過。只是在理財的世界裡，往往容易被短期市場所迷惑，大家都想當短期爆富的兔子，而不想當慢慢致富的烏龜。

如果還是要問我有沒有明牌，現在我會回答：「有個可以賺 6 倍左右的投資機會，但是要抱 30 年，你做得到嗎？」

重點摘要

1. 長期投資策略：建立多元化的投資組合，並長期堅持。
2. 耐心與紀律：投資市場充滿波動，需要有耐心和紀律才能抵擋誘惑。
3. 生涯財務規劃：除了投資，也要做好整體的財務規劃，包括收入、支出、保險等。

 思考練習

- 你目前是否也同時在存錢與投資呢？每年可以存下的錢，跟投資報酬相比，大概差多少呢？

戒之在貪

合格的財務顧問是把關第一線！
他們都在做什麼？

　　林小姐是一間大公司的高階主管，前陣子她來詢問，說擔憂自己的一筆投資有問題，但不知道該怎麼辦。她說平時有一位理專 A 很常來找她，有時候只是聊天送禮，有時候也推薦一些金融產品。

　　直到有一天她還是拒絕了這個理專推薦的產品，但理專 A 話鋒一轉說：「我也明白一般金融產品，對林小姐來說可能吸引力不夠，那我們還有配合一個投資計畫，有比較高的報酬，而且到期還保本，林小姐參考看看。」

　　林小姐對這個提案有興趣，但也有些猶豫，因為她總覺得好像哪裡怪怪的。但理專 A 以專業的說明和誠懇的態度向她保證，這投資計畫經過銀行嚴格審查，是保留給 VIP 客戶的投資項目，不會有任何問題。為了讓她放心，理專 A 還展示了一些「成功投資者」的案例，並且開啟網站讓林小姐看投資項目及趨勢變化，看起來都有穩定且不低的報酬，也在網路展示查證，投資公司香港設立的相關資料，讓林小姐比較安心。

後來林小姐決定投入畢生積蓄 100 萬美金，希望以後退休可以有比較愜意的生活。林小姐投資了快 1 年，在網站上看投資項目的成長後，覺得先小贏落袋為安，決定贖回一些項目出場。可是她發現在網路上操作多日後，錢還是沒有入帳，她聯繫客服後，客服說要先匯一筆保證金，才能保證贖回金額順利匯入帳戶。一方面她有點疑惑，最終還是不疑有他匯了 1 萬美金過去，但多日後仍然沒有收到帳款。林小姐開始急了，她聯繫客服一樣沒下文，決定聯絡理專 A。

　　理專 A 開始變得回覆不太積極，甚至有些敷衍，而且開始推託責任，後來還找不到人。林小姐也因此越來越擔心，她決定去銀行詢問這個投資項目，才發現這根本不是銀行的投資計畫，理專 A 也早已離職，這時林小姐才意識到，自己可能被詐騙了。最終林小姐也報警了，但錢早已要不回來……。

▶ 詐騙話術多半有這些關鍵字

　　近年來，隨著網路及科技發展，詐騙案件層出不窮，手法也變得越來越精細和多樣化，涉及投資的詐騙更是屢見不鮮。一些詐騙集團利用人們對財務顧問的信任，以及人性的貪婪及恐懼心態，來進行騙局，導致許多人蒙受重大損失。這些詐騙多數都有下列這些關鍵字，假稱「高報酬」、「低風險」、「保證收益」、「保本」，這類新聞層出不窮，例如：

1. 假投資理財顧問透過 line 加好友，跟民眾謊稱股票投資高獲利、保證賺錢，請民眾依指數匯款。

2. 詐騙集團假冒金管會及證交所名義，偽造保證金收據，取信民眾詐財。

3. 不肖業者冒用合法金融機構、財經專家學者、社會知名人士或使用投資公司名義，誘騙投資人加入投資群組，以「一般投顧事業」混充「證券投顧事業」，誘使民眾投資。

4. 常見詐騙型態，冒名專業人士或業者、群組勸誘買股、加入投資平台……等。

因為這類事件不容易判斷真假，也引發民眾質疑財務顧問的真實性和可靠性。

▶ 3 面向判斷，真正可信的理財顧問

面對這些詐騙事件的報導後，許多人不禁要問：理財顧問究竟是不是詐騙？事實上，理財顧問的職業本身並不是詐騙，反而**合格的理財顧問，能夠提供專業的財務建議和服務，幫助客戶實現財務目標。**

然而，由於市場上的確存在一些不法分子，假冒理財顧問進行詐騙，導致人們對這一職業的誤解。理財顧問本身只是一個宣稱性的職業，不等同於律師、會計師等職業，需要取得一定資格

及考試才能執業。因此，要判斷一位理財顧問是否可信，我們可以從以下 3 個面向進行考量：

1 資格認證

　　真正的理財顧問通常具備相關的專業資格和認證，如 CFP（Certified Financial Planner，國際認證理財規劃師）、CFA（Chartered Financial Analyst，國際特許金融分析師）等。這些資格認證要求顧問通過嚴格的考試和持續的專業教育，保證其專業知識和道德水準。

2 透明度和誠信度呈現

　　合格的理財顧問應該能夠提供**透明的服務、流程、方法及費用結構**，並且不會承諾投資保本或過高的報酬率（長期年化報酬率高於 10％，即高於市場的常態）。真正的理財顧問，**會根據客戶的財務目標、自身財務狀況去設計策略、制定合理的投資及檢視計畫，而不是一味地推銷聽起來很吸引人的投資產品。**

3 可供查詢或驗證的資訊來源

　　一個合格的理財顧問或者財務顧問公司，可以透過查詢顧問的職業背景、資格認證、公司設立、客戶評價、第三方機構合作驗證、顧問或公司平常的所作所為，來評估真實性及可信度。經得起這些考驗的理財顧問，通常更值得信任。

▶ 真正的理財或財務顧問可以提供哪些服務？

　　理財或財務顧問的主要職責，是根據客戶的需求提供專業的財務建議和方案，幫助他們達成財務目標。具體來說，財務顧問的職責和作用包括以下幾個方面：

1　財務規劃

　　(1)確定財務目標（如買房、子女教養、旅遊、換車、退休）。

　　(2)分析客戶財務現況（收入、支出、資產、負債、風險承擔、退休金試算）。

　　(3)考量客戶目標及現況，設計全面的財務規劃。

2　投資建議

　　(1)根據客戶財務規劃的目標及現況，建議投資組合及資產配置；以及因為目標及現況的改變，而做出相應的調整。

　　(2)檢視投資組合的投資邏輯是否有變化，是否需要調整。

3　風險管理

　　(1)根據客戶財務規劃，確定緊急預備金額度及方式，以備不時之需。

　　(2)依據客戶財務目標及財務現況，考慮不同的風險承擔方

式（保險、其他資產準備、小額自留……等），以及萬一發生風
險時，需求的確定金額。

4 收支管理

(1)根據客戶財務規劃，確立各項支出背後的價值觀，實踐
行為上的調整。

(2)將財務支出做預算化，如同公司般做預算制的調整，明
確各項收入及支出的變化，確定儲蓄金額，評估適當信用管理
（如信用卡、貸款）帶來的影響。

5 稅務規劃

(1)依據客戶財務規劃，提供合適的稅務建議。

(2)協助客戶合法節稅，以及評估節稅可能帶來的其他財務
影響。

6 財富傳承（含節稅規劃）

(1)協助進行財富傳承的設計，考慮適合客戶的執行方式，
如保險、現金、不動產、投資、信託……等。

(2)確保財富傳承的計畫，能依據本人的意願執行。

▶堅守 2 原則，不被利用本能

其實我們只有認識 2 個原則，讓自己在遇到問題時，比較能有所警覺，不要當下做決定，都還有機會不被利用本能，掉入詐騙陷阱：

1 理解什麼樣的投資內容是不合理的

(1) 過高的報酬率：說明長期年化報酬率高於 10％，甚至保證穩定配息。

(2) 保證無風險的投資：保證沒有風險，甚至投資保本。

(3) 缺乏透明度且難以自行查證的產品：各項訊息及資料都是被引導設計來的。

(4) 要求立即行動的投資：沒什麼投資非得當下做不可。

2 面對心理產生的貪婪與恐懼心態

(1) 控制貪婪的心態：高報酬的誘惑容易激發人性的貪婪，但貪婪往往導致不理智的決策。謹記「天下沒有白吃的午餐」、「好的不像真的，也往往不是真的」。

(2) 避免恐懼驅動決策：恐懼會使人做出倉促或過度保守的投資決定，從而錯失機會或陷入陷阱，應該避免立刻做決定。

(3) 向多方求證：當下聽到的投資機會或風險時，應多方求證，包括諮詢專業人士、查閱相關資料。並且確定這件事是自主

查詢，而不是被引導來的。

(4) 堅守原本設定的紀律：應該先設定好自己的應對策略，並且堅持下去，避免因一時的貪婪或恐懼而偏離長期目標。

重點摘要

1. 專業且合適的理財／財務顧問，需要符合 3 個條件。
2. 真正的理財／財務顧問可以提供 6 種服務。
3. 面對詐騙要秉持 2 個原則。

 思考練習

● 思考一下，自己有沒有曾經因為想到可能的獲利、可能的損失（不限於投資），而有非得當下做決定的狀態？如果有的話，先冷靜下來並覺察，這是否是人性的本能受驅使而致，如果不幸遇到詐騙事件，當下比較有機會冷靜面對。

| 回本心魔 |

逢虧損就加碼攤平？
當心越攤越平

　　阿昌已經快 40 歲了，夫妻倆都從事金融業，只是在業態不同的公司體系，阿昌夫婦雖然都很勤奮努力，但因為阿昌是家中獨子，而且第二胎驚喜到來，讓夫妻倆倍感壓力。阿昌身為家中財務大總管，從 2009 年出社會以來，就曾有投資獲利的經驗，因此他覺得需要加大投資的部位，來解決所面臨的財務問題。

　　阿昌在 2 年前投入了一筆相當大的資金，買入了一家科技公司的股票，他看好這間公司新技術的應用，會站上科技的浪潮。起初，這家公司的股票表現不錯，也有許多人看好，但隨著市場的變化和新技術遲遲無法落實，股價開始下跌，阿昌眼睜睜看著自己的投資逐漸縮水，但他始終抱持著「投資總會回升」的信念。

　　看到股價持續下跌後，阿昌也開始猶豫，原有的部位到底要不要賣出，但最終還是決定保留部位，因為他覺得自己沒有看錯。幾個月後，公司發布了新的設廠及發展計畫，這讓阿昌看到了一絲希望，所以他決定再加碼投入，他覺得只要股價稍微回

升，就能把之前的損失全都賺回來。

然而，公司的股價只是回彈了一下，就進一步下跌，阿昌的損失越來越大，情緒也越來越焦慮。每次股價稍有回升，他就抱有「**這次一定可以**」的心理，繼續投入更多資金。但隨著日子繼續過去，日常生活的各項費用、保母費及給父母的孝養金，開始有延遲，他的家庭生活受到影響，與家人之間的關係也變得有些緊張。

▶ 投資失敗多半源自人性本能

阿昌其實沒有發現，他在投資上的結果是受到「運氣」及「本能」影響，因為人們總是會為行為找出理由解釋，證明自己是理智的。阿昌的行為大致受到 3 種人性本能影響：

1 沉沒成本謬誤

再加碼並不能保證阿昌能賺回損失，反而他的持續投入，導致失去了更多。阿昌是受到過去失去的成本影響，不願意接受已經發生的損失，一再加碼是希望能扭轉原本虧損的局面，並不是因為分析公司經營、考慮自身財務風險和市場狀況，而產生的理智決策。

2 後悔厭惡

　　人們會對做出錯誤決策感到痛苦跟後悔，所以我們往往不願承認過去的錯誤，因為一旦承認就無法逃避了。**人有維持一致性的本能，往往不願否定過去的決定，甚至會合理化之前的行為，讓自己感覺一切都符合初衷。**

　　這種心理狀態在投資行為上特別明顯，當我們買入股票後，若股價下跌，我們會傾向尋找有利的消息或理由，來支持當初的決定，而不願正視可能出現的虧損，因為只要不做出與當初決定相反的決策，就不用面對自己可能錯了。

❸ 自我歸因偏誤

　　人們有一個特殊的心理機制，我們容易把好結果的發生，歸因在自己的人格特質，如努力、天賦……等；卻把壞結果的發生，歸因在外在的環境影響。這有點像是一種自我保護機制，讓人們能夠正向樂觀地生存及繁衍下去。

　　阿昌忽略了他的投資經驗是在 2009 年之後，長期的漲幅其實是一段時間的趨勢，如果他有理性地分析、研究金融史，或許會發現當初的獲利，不一定是自己的能力導致的，也不會使得後續高估自己的投資能力，而持續加碼，希望靠投資來解決其他的財務問題。

▶ 投資下跌 50％，需要賺 100％ 才能回本

把損失贏回來的心態很常見，但這件事其實沒這麼容易做到。當投資下跌 50％ 時，回本所需的成長其實是 100％，而不是50％。假設你有 100,000 元的投資，如果市場下跌 50％，你的投資就變成 50,000 元，要回到原來的 100,000 元，這 50,000 元需要成長 100％，才能達到 100,000 元，而不是成長 50％。

這個道理其實不難，但對大多數投資人來說，並不是一個直覺可以意識到的問題。損失對投資的影響比許多人想像的要大，**一旦投資出現大幅下跌，回本就變得更加困難，而且這些數字都不只代表一個數字或金錢**，而是背後的孝養費、保母費、日常花費，影響到能不能存下來的錢。當我們面臨損失狀態時，特別容易誘發上述提到的本能影響，導致很難理性做決策。

▶ 做好收支跟風險管理，就是投資的前提

要怎麼解決這個問題呢？還是要先思考自己的財務狀況，並且評估投資的風險及影響，所以在投資前我們需要先做好 2 種管理評估，才能在開始投資後，有健全的心態面對狀況並調整：

1 收支管理

我們需要計算目前的支出狀況，及因應短期目標的資金，因

為這影響到我們每年的生活能否持續。

⑴ 每月支出預算：每個月定期會支出的項目，如餐飲費、交通費、電信費、日用品雜費……等。

⑵ 年度支出預算：不是每月會支出的項目，但可能每年一次或數次的預計支出，如父母紅包、每年旅遊費、各項稅務、保險費……等。

⑶ 短期目標儲蓄：準備時間太短的目標，並不適合使用投資準備，如 2 年後想買車，這種資金準備，需要考量流動性比較高的資產，如定存、活儲……等。

2 風險管理

若我們不想遇到意外狀況時，讓達成目標準備的投資部位被迫賣出，同時也該準備好因應緊急狀況的緊急預備金，這些考慮的基準，都來自收入與支出如何影響生活方式。

⑴ 身故風險：考量自己身故會有的責任需求後，如父母、小孩、配偶的生活費，評估保額後，購買保險支出的保費。

⑵ 醫療風險：考量自己發生需要使用醫療資源時，會產生的花費需求後，因而需支出的保費。

⑶ 失能風險：考量萬一需要被照護，自己考慮的照護型態，評估照護費用及相關支出的保額後，需支出的保費。

⑷ 緊急預備金：遇到特殊急迫事件時，如因疫情影響而放無薪假或被資遣等狀況，能有一筆馬上拿得出來的資金來應對，

而不致使自己被迫匆忙做決定。緊急預備金原則上應準備每月支出 6 倍左右的金額，讓自己遇到意外的特殊狀況時，還有餘裕去做生活、工作上的調整。

重點摘要

1. 投資不是財務問題的唯一解方。
2. 投資行為很可能受到本能的影響，也影響到生活。

 思考練習

- 仔細記錄過去的投資經驗，看看你選擇的投資標的，每年度最大報酬與當年度最大虧損的落差，每 1 年、3 年、5 年、10 年的複利報酬率各是多少呢？
- 思考看看自己的財務狀況，能不能承擔這樣的投資變化呢？

第 4 章

長壽時代的金錢課！
打造退休族的理想老後

| 退休缺口 |

退休後開銷被嚴重低估！
該注意 6 個風險

　　阿文已經 58 歲了，太太阿娟也已經 56 歲，他們想著小孩都大了，不太需要操心，也不用兒女給自己太多孝養費，免得造成他們的負擔，當然自己也不太有餘力能幫兒女們更多。打拼了一輩子，好歹房子也是努力存下來的，接下來的人生目標，好像就只剩下有尊嚴的退休生活了。

　　阿文及阿娟都屆齡退休了，阿文目前每月薪水四萬五左右，阿娟則是三萬出頭。他們想知道如果退休後會有多少退休金，如果可以的話，也希望能早一點退休。接著，他們在了解了退休金的狀況後，發現能領的退休金不是太多，如果都想要在 60 歲退休的話，預估分別會有以下的月退休金（註 1、2）：

　　1. 阿文：

　　　⑴ 勞保老年給付：20,445 元／月。

　　　⑵ 勞工退休金（新制）：6,293 元／月。

　　2. 阿娟：

　　　⑴ 勞保老年給付：14,278 元／月。

(2)勞工退休金（新制）：5,499 元／月。

　　如果兩人都在 60 歲退休，退休時月退休金共有 46,515 元，相較原本每月薪水 75,000 元左右，**只有 62% 的所得替代率。**

　　阿文跟阿娟發現，他們每個月能領的退休金並不高，遠低於過去的薪水。雖說退休金加上累積的一些儲蓄，可以支撐生活，但得非常謹慎地花錢。他們知道，隨著年齡增長，醫療費用會變多，而且也希望能偶爾出去旅行，享受人生最後的這段時間，但眼前的現實，讓他們感覺夢想似乎越來越遙遠。

▶ 造成「錢不夠用」的 6 個因素

① 每年約 1%～2% 的通貨膨脹成長

　　通貨膨脹造成的影響，會讓我們手中的錢的購買力下降，同樣的東西，我們會覺得越來越貴。也因此，我們的**退休金考量不能只看現在的數字。**

② 雇主責任及社會保險退休金準備不足

　　目前台灣的退休金制度，社會保險退休金有破產的疑慮（如勞保）；雇主責任退休金則有準備不足的問題（如勞退）。依大多數人的狀態，這兩筆退休金在正常狀態下（不改革、社保退休金不破產），僅能給予**每個月 2～3 萬的退休收入。**

❸ 個人儲備退休金準備不足

退休這個目標對大多數人來說都比較遠，我們可能更在意眼前需要準備的目標。譬如，快結婚了要準備結婚基金、養小孩需要先考量小孩子的支出、要買房了才準備頭期款。**最終的結果可能會變成，各種目標的確達成了，可是要退休時，才發現來不及準備退休金。**

❹ 長壽風險

我們從第一章提過的壽命趨勢圖會發現，隨著科技及醫療、生活水準提升，國人的平均壽命是逐漸升高的。在這種狀況下，我們對退休的準備可能不能只以現在的 85 歲去考量。

❺ 不健康餘命升高，產生消費增加

國人的平均壽命越來越高，有一部分是歸功於醫療的進步。這也產生了一種現象：**大家越活越久，不健康的期間卻越來越長**。因此，萬一需要更多醫療照護時，我們的花費會高於健康時的狀況。

❻ 各種意外狀況

雖說上面討論的是多數人會有的狀況，但每個人還是會遇到不同的情況，因此，需要時時調整並且多做準備，來保有應對意外的彈性。

▶3 招因應，讓人安心退休

第 1 招：從 3 個面向著手

退休的準備來自於**社會保險、雇主責任、個人儲備**。個人儲備與民眾財務素養的提升，以及個人的財務規劃有很大的關係，本書其他文章多有提及這個觀念，社會保險及雇主責任退休金，則是本文主要探討的部分。如果大家的財商素養提升，也規劃了自身財務，退休金制度又優化的話，這三者會相輔相成，也會降低彼此不同面向的壓力。

★ 退休金的三個層次

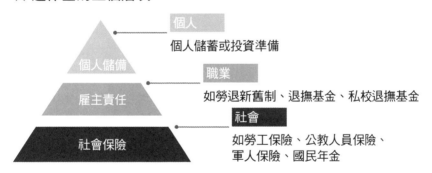

第 2 招：政府既有退休金調整方案

目前政府對社會保險退休金主要的調整方式，有下面6種，但主要概念還是**增加收入、減少支出、支出期間延後**。

(1)溯及既往：打破對過去工作族群的承諾，請他們也適用

現在福利下降的制度。例如之前的教師及公務員退休改革，即便有過度期間，但仍不符合當初任職人員的期待。

　　(2) 放寬投保上限：提升投保的級距，也能因此加收保費。

　　(3) 調整計算投保薪資：將計算投保薪資的平均期間拉長，例如由平均 60 個月的薪資，改為計算 180 個月，這可能會使平均薪資計算下降，因為原本只要有 60 個月的最高薪資，突然變成計算 180 個月，但不見得其他期間都有這麼高的薪資。

　　(4) 調降所得替代率：例如將勞保計算可請領金額的公式，由 1.55％×年資，降為 1.3％×年資，這會使得給付退休金下降。

　　(5) 延後提領年限：例如退休年齡由 65 歲改為 70 歲，延緩開始請領退休金的時間。

　　(6) 編列預算撥補：編列預算無法解決問題，因為預算仍來自於稅收，羊毛出在羊身上，幾百億的預算，也只可能延後幾年破產。

第 3 招：優化退休金結構，讓投資報酬率提升

　　其實前面 6 個現有調整方式都不能治本，僅能達到延緩的效果，還是需要讓退休基金從投資結構調整，使退休基金能夠永續經營。**這個部分要達成，需要考慮「金流控制使用」、「資產配置與累積」、「再平衡及永續經營的策略」**，簡單來說，希望達到退休基金**獲取的收益，扣除成本後能大於退休金給付的支出**。

　　這個部分先提出幾個問題點以及觀察，像國外各主權、退

休、校務基金，都很值得台灣參考（如加拿大公共基金退休基金、耶魯大學校務基金、澳洲超級年金、加州公務人員退休基金……等），它們在「金流控制使用」、「資產配置與累積」、「再平衡及永續經營的策略」都有很值得借鏡的地方。

▶ 越早開始準備，調整起來越輕鬆

其實在書中第一章第十一節〈存多少、存多久，才能安心退休？〉有提過，越早開始為退休做準備，調整起來越輕鬆，但隨著年紀離退休越近，調整的難度會變大，最好的方式是提早準備。但在現況難以提早準備的情況下，我們可以考慮下列調整方式：

1. 盤點自己目前的收入支出，還有沒有提高收入或減少支出的可能性？

2. 退休有沒有可能再延後？

3. 調整投資組合，適當拉高債券的占比，雖然降低投資報酬率的預期，但是也減少了投資的波動。因為年紀的增長及退休，會讓自己減少對風險的承擔能力。

4. 將以上 3 種方式，去做優先順序的排比，列出優先可接受及調整的方式，開始執行。

1. 我們需要考慮退休金被低估的 6 個風險。

2. 了解現有退休金模式及調整方式，也盤點自己因應退休生活衝擊的策略，排列調整的優先順序，並且執行。

 思考練習

● 到勞保局 e 化服務系統，查詢看看自己的勞保勞退狀況。你知道自己已經有多少退休金嗎？https://edesk.bli.gov.tw/me/#/na/login

註釋

1. 因為阿文及阿娟都想要 60 歲退休，所以勞保老年給付的公式是：平均月投保薪資×保險年資×1.55%×80%，一般而言，勞保退休年齡是 65歲，最多可以提早到 60 歲，但每提早 1 年需要扣除4%（也可以延後領取退休金，每延後 1 年增加 4%，最多延後到 70 歲）。

2. 阿文與阿娟的勞工退休金都有轉成新制，60 歲預估退休金選擇的退休餘命，則是選擇 23 年（有 23 年及 19 年可以選擇）。

| 力抗通膨 |

退休金不縮水！
安享晚年的 4 個關鍵

　　春梅姐是我以前工作上的前輩，隨著孩子們陸續獨立自主，她跟先生也將迎來退休的生活。平常省吃儉用的春梅姐告訴我，她跟先生兩個人，一年只需要 50 萬就可以生活，所以如果投資的配息率有 5％，那麼只要有 1,000 萬本金就財富自由了。

　　這確實是簡單的數學問題，但是我接著問：「這是姐和姐夫目前身體健康的前提，萬一醫療、照護費用需要支出，錢要怎麼來呢？」「另外，如果姐順利活到 80 歲，那時候的 50 萬跟現在的 50 萬，可以買到一樣的東西嗎？」

　　這兩個連續技（編按：源於格鬥遊戲，指在有限時間內，發出一連串攻擊的動作指令），就好像石化術一樣，讓春梅姐定格 5 秒，才勉強從嘴裡擠出一句：「所以要投資什麼，才可以抗通膨呢？」

　　「什麼資產可以抗通膨？」是過去一段時間以來，投資人最常問的問題，尤其面臨物價、房價飛漲的情況，不禁令人擔憂。常聽到的抗通膨資產，包括黃金、房地產等等，所以在通膨環境

下，需要增加購買這些資產嗎？

▶什麼資產可以抗通膨？

我還是引用 Jeremy Siegel 教授的這張圖，這張圖尤其適合用於說明「抗通膨資產」，因為該研究的結果，已經考慮了通貨膨脹的影響。

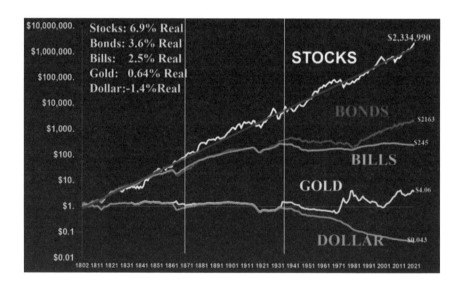

也就是說，從 1802 年到 2021 年這 220 年間，各類資產的報酬率如下：

1. 股票：超越通膨 6.9%。
2. 債券：超越通膨 3.6%。

3. 國庫券：超越通膨 2.5%。
4. 黃金：超越通膨 0.64%。
5. 現金：落後通膨 1.4%。

從這張圖的結果來看，黃金確實是抗通膨資產，但也僅止於跟通膨同步增長，然而**長期來說，股票與債券才是抗通膨資產配置下，效率更好的資產。**

試想看看，當商品或服務價格上漲時，最終的獲利會是誰拿走呢？當然是販售商品或提供服務的公司，所以公司獲利上升，會帶動股利增加或是股價上漲，因此股票就會是長期最佳的抗通膨資產。

▶ 比起通膨，通縮造成的問題更多

我們先假設一下，如果物價是緩慢下跌的「通貨緊縮」，消費者的行為會是如何？是不是會相對保守，因為晚點買會更便宜？在遞延消費的情況下，導致企業庫存增加，也比較不願意進行投資，甚至可能減薪、裁員，經濟成長就會萎縮。所以，**「通貨緊縮」相較於「通貨膨脹」，更令政府與經濟學家害怕。**

在通膨率溫和上漲的情況下，一般民眾較願意消費，企業因而較願意進行投資、增加雇用員工，有助於生產力獲益，並創造就業。因此，長期而言，**通貨膨脹可以說是必然會發生的現象。**

只是回到個人的理財上，通膨就像是慢性病一樣，一點一點侵蝕著退休後的財務健康。所以，春梅姐的問題是正確的，我們**在理財上要做的是對抗甚至擊敗通膨，而不是寄望通膨不發生。**

▶ 抗通膨必做的 4 個退休金規劃

以春梅姐的情況，我給了幾個建議：

1 評估通膨對退休金目標的影響

假設退休時希望維持每年 50 萬元支出的生活品質，若退休生活要過 20 年，總共需要準備 1,000 萬元的退休金。但這個是未考慮通膨的情況，如果考慮通膨，需要的退休金會是多少呢？

退休金需求隨通膨而增加的金額，如下圖所示，假設目前 35 歲，希望在 65 歲退休，那麼在長期通膨 2% 的情況下，65 歲時需要 1,811 萬元的退休金，通膨達 3% 的話，更需要高達 2,427 萬元！另外，進入到老年階段，也要考慮退休金需求的變化，將醫療、照護等費用加進來，才是萬全上策。

2 試算社會保險、雇主提撥的退休金

雖然要準備的退休金數字，因為通膨的關係變得相當驚人，不過也別忘了，我們還有兩個基本的退休金來源：

(1)社會保險：勞保老年給付、公保養老給付等。

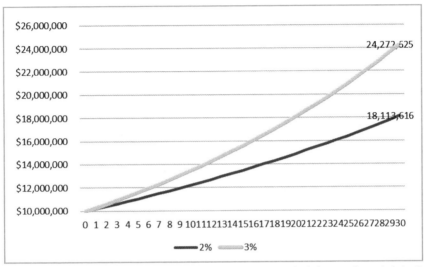

資料來源：定方財務顧問

(2)雇主提撥：勞工退休金、軍公教人員退撫金等。

先試算這兩部分有多少退休金，不足的部分再靠自己累積。

❸ 依照時間長短決定資產配置比例

下表為依距離退休時間長短，建議的資產配置比例。

春梅姐和先生預計再 5 年左右退休，而且過往沒有太多投資的經驗，那麼股債各半的投資組合，也許是比較適合他們的配置。即使未來進入退休階段，春梅姐也不應該完全捨棄股票，至少應該持有 30% 的股票，才能達到抵抗通膨的目的。

距離退休時間	股債比（股：債）
1～3年、退休	30：70
3～5年、退休	50：50
5～7年	70：30
7～10年	90：10
10年以上	100：0

4 保留適當比例的現金

　　尚在工作的春梅姐，大概須**保留 6 個月家庭生活開支的緊急預備金**，避免急需用錢時從投資組合提領，也能讓投資時的心情較為穩定。

　　但如果進入到退休階段，**扣除掉每月領取的退休金後，應保留 2～3 年所需的現金**，在市場處於大幅回檔的狀態下，有足夠的時間等待投資組合的價值回升。

　　通貨膨脹是經濟的正常現象，雖然購買力會被侵蝕，但不需要過度擔憂，做好長期的退休規劃，讓資產具備抗通膨甚至擊敗通膨的能力，並且有紀律地執行投資計畫，就能夠安心退休。

　　對春梅姐來說，更重要的問題應該是：如何開始安排自己的退休生活。以他們的生活習慣，以及過往節儉所積攢下來的資產，絕對可以再提早幾年退休。這樣的結果令人稱羨，但回到春梅姐身上，卻可能因為「退休不知道要幹嘛」，所以「只好」先

繼續工作。這樣的故事，是不是也常常在我們身邊上演呢？

重點摘要

1. **退休規劃必須考量通膨**：通膨會侵蝕退休金的購買力，因此退休規劃必須納入考慮，並調整資產配置以對抗通膨。

2. **股票是長期抗通膨的最佳資產**：研究顯示，股票長期來看是超越通膨的最佳資產。當物價上漲時，企業獲利增加，帶動股價上漲，因此股票是對抗通膨的有效工具。

3. **退休規劃需要全盤考量**：除了投資之外，退休規劃還需考慮社會保險、雇主提撥的退休金、緊急預備金等因素。更重要的是，要提前規劃退休生活，避免退休後不知道如何打發時間。

 思考練習

- 你是否曾經想過，要準備多少錢才能退休呢？如果有，這個數字是怎麼估算出來的呢？

第 39 堂

| 年金改革 |

勞保該月領還是一次領？
何時提領較有利？

　　在第三章〈勞退自提 VS 自行投資，哪種收益更好？〉一文中，我們談到勞工退休金的議題。這一節，我們來談談常常被搞混的「勞保年金」。這筆年金的正確名稱是「勞保老年給付」，由於可以選擇「一次給付」或者「每月年金」，所以「怎麼領比較有利」就成了大家關注的議題。

　　本來，怎麼領勞保老年給付，只是一道簡單的數學問題。由於未來要給付的金額龐大，所以不時就會看到勞保基金將破產的消息，即使每年政府撥補數百億元，但是對比勞保基金數兆元的潛在負債，顯得小巫見大巫。所以，如果擔心勞保之後改革，勞保老年給付變少，該怎麼為退休做好準備呢？

▶ 如何估算勞保老年年金？

　　阿美姊是年近 60 歲的勞工，早年由於家庭因素，年紀輕輕便開始工作，累積了將近 40 年的勞保年資。準備退休的她，原

本打算 60 歲就開始請領勞保老年給付，但是聽同事說，提前到
60 歲領，每月的金額會打八折，因此又有點猶豫，想聽聽看我
的意見。

　　首先，勞保老年年金的計算公式，是以下兩式擇優給付：

第一式：（保險年資×最高 60 個月之平均月投保薪資×
　　　　0.775%）＋3000 元
第二式：保險年資×最高 60 個月之平均月投保薪資×
　　　　1.55%

　　一般來說，除非保險年資短、平均月投保薪資低，才有機
會用到第一式，否則大多是第二式較優。如果想預估自己的
勞保老年年金，可以到勞動局網頁試算：https://www.bli.gov.
tw/0100398.html

　　但是，上面計算式的前提，是在 65 歲時開始請領。如果想
要提早請領，每提早一年，年金金額就少 4%，最多可以提早 5
年；反之，如果延後請領，每延後一年，請領的金額就多 4%，
最多可以延後 5 年。所以，阿美姊在不同歲數，可以請領老年
年金的金額如下（假設最高 60 個月的平均投保薪資為 45,800
元）：

60歲	22,717元	**66歲**	29,532元
61歲	23,853元	**67歲**	30,668元
62歲	24,988元	**68歲**	31,804元
63歲	26,124元	**69歲**	32,939元
64歲	27,260元	**70歲**	34,075元
65歲	28,396元		

　　另外，**勞保老年年金的給付，會隨著通膨指數調整，實際領取的金額也是會逐年增加的。**

▶ 怎麼領、何時領才划算？

　　別忘了，98 年 1 月 1 日前就有勞保年資的阿美姊，還有一次請領的選項，要如何評估比較有利呢？

1 平均餘命拉長，年金優於一次金

　　阿美姊如果選擇在 60 歲領取一次給付，金額為 2,061,000 元（最高 45 個月×45,800 元），如果是在 60 歲開始領取每月 22,717 元的年金，只要領取 91 個月，也就是活到 67 歲又 7 個月，領取的年金總金額就會超過一次給付金額。以目前國人平均壽命超過 80 歲的情況下，選擇年金顯然較為合理。

　　另外，如果阿美姊的財務紀律不佳，或者是容易被詐騙的體質，就更不要選擇一次給付，以免血本無歸。

　　如果阿美姊擔心在 68 歲前就蒙主寵召，勞保也有「遺屬年金給付」或是「差額金」的設計，可以讓符合資格的遺屬領取。

資料來源：勞動部勞工保險局

資料來源：勞動部勞工保險局

2　越早開始領越好

　　如果是選擇月領年金，要在何時開始請領比較好？下表為阿美姊 60、65、70 歲開始領取年金，在不同歲數時領取的總額（通膨以 1.5% 估算）：

	60 歲請領	65 歲請領	70 歲請領
80 歲累積	6,303,549	5,684,472	4,376,369
85 歲累積	8,195,228	7,879,436	6,821,366
90 歲累積	10,233,105	10,244,035	9,455,323
95 歲累積	12,428,476	12,791,381	12,292,843
100 歲累積	14,793,515	15,535,595	15,349,657

以阿美姊的例子來看，如果壽命在 90 歲以下，那麼 60 歲請領較佳；如果壽命在 90～100 歲，那麼 65 歲請領較佳；如果壽命在 100 歲以上，那麼 70 歲請領較佳。以目前國人平均壽命 80 多歲的情況下，選擇 60 歲開始請領會是最佳選擇。

雖然隨著醫療水準的進步，國人的平均壽命越來越長。然而，在我們無法決定自己生命終點的情況下，越早把錢放進口袋裡，大概還是比較好的選擇。

▶ 真正的問題是：退休金到底夠不夠用？

第一道數學問題算完了，所以阿美姊應該選擇 60 歲開始請領嗎？

然而，檢視阿美姊的生活開支，以及預估老年生活可能會增加的醫療、照護支出，還有每年需要的旅遊費用後，依照阿美姊手邊現有的資產，以及勞保老年給付、勞工退休金來算，是無法

讓她安心養老到 85 歲的。

此時經過規劃後，阿美姊可以有兩個選項：

1 延後 2 年退休

阿美姊的年資長，薪資水準也相對不錯，其實只要晚 2 年退休，就可以達成樂活到 85 歲的目標。雖然可能會有活超過 85 歲的長壽風險，但是身上還有一棟房子，最壞的狀況還可以選擇以房養老。

2 增加堪輿命理收入

阿美姊對於堪輿命理頗有研究，平時也樂於幫親友看看命盤、風水。阿美姊退休後，如果每年維持 10 萬元的堪輿命理收入，直到 70 歲，同時向工會投保勞保，繼續增加勞保年資到 65 歲，再開始請領勞保老年給付，同樣可以安心養老到 85 歲。

這兩個方案，阿美姊毫不猶豫選擇第二個。對她來說，能夠做自己喜歡、幫助別人的事，而且收入上的壓力也沒有那麼大，當然是最佳方案。

單純從勞保老年給付制度來看，選擇 60 歲請領或許是最佳選擇。而且，如果要讓阿美姊「財富最大化」，最簡單的方式就是不要退休，做到不能再做為止，但我想應該沒有幾個人會選擇這麼做。

所以，一個財務決策的過程，要考量自身的財務狀況，包括當下的資產、未來的收入與支出，更重要的還有未來想過的生活、想達成的財務目標等，才會得到「價值最大化」的結果。

你想選「財富最大化」，還是「價值最大化」呢？

重點摘要

勞保老年給付的領取策略：

1. 一次給付 vs. 月繳年金：以目前國人平均壽命來看，選擇月領年金通常比一次給付划算，尤其是當個人財務紀律較差時。

2. 提早或延後領取：越早領取年金，每月金額較少，但總領取金額可能較多；反之，延後領取的話，每月金額較多，但總領取金額不一定較多。應考量個人壽命預期與財務需求。

3. 通膨調整：勞保年金會隨著通膨指數調整，以維持購買力。

 思考練習

● 試算看看晚年生活可能的開支，並且評估勞保年資和勞工退休金，能否讓自己達到安享晚年、不為錢煩惱的目標。

安心養老

靠子女不如靠自己！
利用安養信託保障退休生活

　　王伯伯是年過七旬的長輩，老伴已經過世，孩子們也都有各自的生活。隨著年齡增長，王伯伯開始感到力不從心，健康狀況也逐漸惡化。幾年前，他小中風發作，後來雖然康復了，但行動能力明顯下降，記憶力也變得不如以往。雖然王伯伯還能勉強自理日常生活，但他知道自己的狀況可能會進一步惡化，他擔心一旦失去自理能力，不知道該如何保障自己的生活。

　　王伯伯對這種狀況很憂慮，他不想遇到狀況的時候，造成孩子們的困擾，但他又擔憂，萬一把退休積蓄及住的房子先過給孩子，請他們處理未來可能面臨到的事情時，最後卻落得血緣淡泊不被關心，或被互踢皮球的下場。

　　王伯伯的擔憂很有道理，但這個問題其實有方法可以解決。我們可以運用**「安養信託」**，幫助王伯伯在無法自理的情況下，確保資產能夠被妥善管理和使用，並能夠支付未來可能需要的醫療和照護費用。

▶ 信託是一種財產管理制度

什麼叫做「信託」呢？簡單來說，**委託人為了達成落實照顧責任、保全資產、財產傳承、不動產買賣⋯⋯等客製化的目的，而與受託人（通常是銀行）簽約，請受託人管理或處分財產後，將財產或利益交付受益人（別人或自己都可以）來達成目的。**架構如下圖：

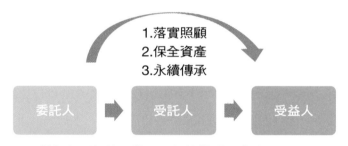

1.落實照顧
2.保全資產
3.永續傳承

委託人　➡　受託人　➡　受益人

1.簽訂信託契約：依信託契約管理、處分
2.轉移信託財產：交付信託財產或信託利益

監察人

監督受託人是否依信託本旨及目的管理、處分信託財產或信託利益

▶ 什麼是安養信託？

安養信託就是為了達成照顧受益人的目的，基於上述信託的架構全面考量，讓受益人被好好照顧的一種契約制度。運用信託

的制度，讓受託的財產能夠好好地運用，例如哪些財產可以投資？哪些要留存在銀行作花費使用？各項支出可以設計包含客製項目，如機構費用、自費項目、陪診員、復健費用、復康巴士、看診醫療費用⋯⋯等，而不讓錢浪費在非安養照顧的項目。

同時還可以安排信託監察人，如親友、律師、財務顧問、社福團體⋯⋯等，監督受託人是否有照信託契約執行，及賦予監察人在遇到特殊情形有同意調整的權利，如更換安養機構、增加臨時支出⋯⋯等。通常安養信託相關條件如下：

委託人：任何人（通常是親友或被照顧的本人）

受託人：銀行

信託目的：照顧受益人安養生活

信託財產：既有財產及產生的孳息

受益人：被照顧的對象

監察人：律師、財務顧問、親友、社福團體⋯⋯等

安養照顧運用信託的情況下，主要可以解決 2 個問題：

1. 真正落實被照顧者的生活，過上有尊嚴的生活，不讓本來為了照顧生活的財產，因為意外或不肖子孫，而被使用在不應該的地方。

2. 存入信託專戶的買賣價金為獨立之信託財產，除信託法第 12 條第一項所定情形，信託前存在於該財產之權利、因處理信託事務所生之權利或其他法律另有規定者，買賣雙方之債權人

對該信託財產不得強制執行。這表示對被照顧者有較強力保障。

▶ 自己的財產就該自己規劃

　　安養信託的設計其實可以高度客製化，並且符合被照顧者的需求。但在這之前有一個很關鍵的前提，那就是要有**交付受託人管理或處分的財產**。這些財產的來源主要有下列 3 種。

　　1. 職業退休金及社會保險退休金：如果是勞工的話，就是勞工退休金及勞保退休金。

　　2. 自己的儲蓄、投資、保險：這包括定存、活存、股票、基金、房地產、年金保險……等。

　　3. 子女孝養費：子女的財產或者固定支出的孝養費。

　　一般來說，退休金及孝養費是我們不太能夠控制的，我們可以控制的部分是自己的儲蓄、投資、保險。因此事先規劃好自己的退休需求，才能知道該用什麼方式去做準備，能夠準備的時間越長，調整上越輕鬆。如果等到退休屆齡才開始思考這個問題，能夠調整的空間就不多了，可能就無法擁有安心的退休生活。

　　還好王伯伯過往有些積蓄及一棟自住的房，未來他可將自己的房和部分存款納入信託，並指定銀行為信託的受託人。根據信託契約，到時銀行將負責管理王伯伯的資產，並根據他的需要安排生活費用、醫療支出和日常照護。

　　王伯伯還可以同時指定兒女、親友、律師、財務顧問作為信託的監察人，以確保信託運作的透明度。就算生活難以自理，仍然可以安心養老，知道自己的資產正被妥善管理，生活有得到保障。

　　若王伯伯擔心之後自己遇到意識不清或失智的狀況，也可以事先搭配民法**「意定監護」制度**，根據民法第 1113 條之 2 第 1 項的規定，在意識清楚時，選擇一位信任的監護人。一旦因病失去意思能力，並被宣告需要監護時，這位意定監護人將根據事先簽訂的意定監護契約，代表王伯伯將財產交付信託，或對信託契約進行必要的調整。

　　我們可以運用一些調整方式與安養信託結合，來建構一個比較完整的保障。

重點摘要

　　1. 安養信託是為了達成照顧受益人的目的，考慮到受益人生活上的需要，讓受益人被好好照顧的一種契約制度。運用信託的制度，讓受託的財產能夠好好的運用在照顧的用途上。

　　2. 退休生活保障需要先做好準備，並且運用安養信託及結合意定監護的方式，給自己比較完整的保障。

思考練習

● 思考一下，自己會不會有像王伯伯面臨到的狀況，可能需要考慮安養信託的情形呢？

| 節稅布局 |

申報扶養、增加海外所得可節稅？
還有更多你不知道的魔鬼細節

　　每年到了五月的繳稅季，對於所得高、來源多元的納稅人來說，好好精打細算一番是不可少的，阿國與阿芬夫妻就是其中一個例子。阿國夫妻是頂客族，兩人又都是專業人士，收入不錯，但是每到五月，總要上繳不少所得給國庫。第一次協助阿國檢視所得稅的申報時，他們也預先做了不少功課，再來跟我討論。

　　「我們所得比較高，申報扶養父母已經好多年了，幸好其他兄弟姊妹也不大計較，我們過年紅包也會包大包一些。」

　　「前兩年看到新聞說勞退自提可以省稅，所以我那時候就開始自提了。」

　　「新聞說海外所得有很高的免稅額，不知道是不是可以利用？」

　　繳稅是國民的義務，善用各項扣除額則是國民的權利。我告訴阿國，在為繳稅金額精打細算的同時，務必多留意細節，並且比較其他申報方式的影響，才不會表面上省了稅金，卻在其他地方損失更多喔。

▶ 申報扶養前，留意被扶養人的所得金額

申報扶養時，必須把被扶養人的收入也併入計算，所以**如果被扶養人的所得太高，反而可能要多繳稅！**

我看了阿國一家的所得清單，發現一件有趣的事：阿國的父母有購買長榮、陽明的股票，因為當年度這兩家公司大賺，發放了不少的股利，所以該年度父母名下是有不少股利所得的。

我請阿國用報稅軟體試算一下，他與父母分開申報的情況，發現父母單獨申報時，稅率僅落在 5％，若是被稅率高達 30％ 的阿國扶養，父母的股利收入反而要適用 30％ 的稅率，多繳 25％ 的稅！試算下來，阿國如果申報扶養父母，要繳的稅會比分開申報的總和還要高。

所以，在這個父母「股利豐收」的年度，阿國如果申報扶養父母，反而要繳更多稅。

另外，我提醒阿國，政府的一些敬老補助，像是每月健保費的補助，通常會設立**排富條款**。過去由於父母被阿國扶養，所以不符合補助資格，但如果父母獨自申報，就有機會獲得補助。這類非稅務的影響必須一併衡量，才能做出正確的稅務決策。

▶ 海外股利收入真的免稅嗎？

依照我國的所得稅法，來自國內的股利收入，可以有 8.5％

的可扣抵稅額。但是，以阿國的情況來看，因為邊際稅率超過 8.5%，領股利還得多補稅。

　　舉例來說，假設去年股利收入 20 萬元，報稅時可以享有 20 萬乘以 8.5%，也就是 1.7 萬的可扣抵稅額。然而，若是所得稅率高達 30%，這 20 萬的股利收入，則是要繳交 6 萬元的所得稅，扣掉 1.7 萬的可扣抵稅額，實際上還要多繳 4.3 萬的稅。

　　阿國夫妻原本主要是投資國內股市，但是先前已經在我的建議下，慢慢移往海外的標的。因為海外所得是納入基本所得計算，而基本所得額每年有 670 萬的免稅額。假設阿國現在一樣是年領 20 萬股利收入，那麼這部分的股利基本上是不用繳稅的。

　　但是我跟阿國說，先別高興得太早。

　　以投資美國股票 ETF 為例，實際入帳的股利，已經先被美國國稅局預扣 30% 的稅，所以雖然申報國內所得時不用繳稅，但實際負擔的稅率是 30%，並不是 0%。

　　我跟阿國解釋，投資的稅務成本固然要考量，但是當初之所以選擇海外標的，**更重要的是投資標的的分散性、費用率**等等，以及是否符合我們的財務目標，並不是因為稅務成本而決定投資標的。

▶ 較年輕的高所得者，自行投資會較有利

　　這部分我曾在第三章〈勞退自提 VS 自行投資，哪種收益更

好？〉一文詳細說明過。對於高所得人士來說，勞退自提的金額不計入當年度所得，省稅的效果可說是相當明顯。但是考量勞退基金報酬率與自行投資的差距後，對於年紀較輕的高所得者來說，自提所節省的稅，反而會輸給自行投資所增加的報酬喔。

舉例來說，假設自行投資的報酬率 6％，勞退基金報酬率 3％，在邊際稅率 20％ 的情況下，對於年紀大於 52 歲的高所得者，節省的稅賦才會高於自行投資的差額，此時可以開始考慮勞退自提。反之，若是小於 52 歲，雖然無法靠勞退自提節稅，但是自行投資會較為有利。

▶ 減少利息收入，反而可以節稅？

依照我國的所得稅，每戶每年的利息收入，可以有 27 萬的扣除額，不用計入所得當中，對於一般人來說，一年通常不會領超過這個數字，所以大多數的情況來說，利息收入不會被課到稅，也常常在檢視所得稅時被忽略。

不過，利息收入這項數字，還會在另一個地方起到功用，就是計算房貸利息費用扣除額的時候。依照規定，計算房貸利息費用扣除額時，必須先減掉利息收入。所以**利息收入越少，房貸利息費用扣除額才會越多。**

以阿國的例子來說，假設每年的房貸利息費用為 25 萬，而利息收入有 15 萬，可以扣除的部分就只剩下 10 萬。阿國之所以

有這麼多的利息收入，是因為保留了不少美元定存，準備慢慢投入海外投資。假如能夠減少一部分的定存，讓利息收入減少10萬，就代表房貸利息費用扣除可以多 10 萬，以稅率 30% 來計算，就可以減少 3 萬元的所得稅。

▶ 節稅不是理財規劃的主要目的

理財規劃的漫長過程，稅務成本固然是重要考量，但是若只著眼於稅務，反而可能會顧此失彼。比較好的方式是，綜合考量自己的財務目標、現況後，再來評估投資、保險、稅務等各種效益，才能持續有好的財務決策品質。

對於高收入的所得者來說，稅率達到 20%、30%，或是更高的情況下，充分利用各項扣除額的規定，節稅的效果通常相當明顯。但是，若只是顧著降低應繳所得稅，沒注意到其他細節，反而可能損失更多。

經過這次的檢視，阿國感嘆道：「網路、新聞的報導，雖然不見得是錯誤的訊息，但是因為理財、稅務要考量的情況很多，若是沒有考慮自身情況就下決策，真的會得不償失。」

重點摘要

1. 申報扶養並非一定節稅：傳統觀念認為申報扶養父母可

以節稅，但實際上需要考量被扶養人的收入、政府補助等因素。若被扶養人有高額收入，反而可能增加整體稅負。

2. 海外所得並非完全免稅：海外所得雖然有免稅額，但仍需注意預扣稅等問題。此外，投資決策不應僅以稅務為考量，應綜合考量投資標的分散性、費用率等因素。

3. 節稅並非理財規劃的唯一目標：節稅固然重要，但理財規劃應從整體財務目標出發，綜合考量稅務、投資、保險等各方面因素。

 思考練習

- 每年申報所得稅前，是否有仔細看過申報內容？還是就隨軟體預設結果繳稅呢？

── 轉嫁風險 ──

小額壽險值得買嗎？
真的是銀髮族福音？

　　阿偉今年 45 歲了，他的父母都剛過 70 歲。這些日子以來，身體都還算硬朗，生活也平淡安穩，一輩子沒有什麼太大的風波。阿偉的父母都生在戰後嬰兒潮，那是個辛苦、努力，但台灣開始高速發展的年代。年輕時他們都忙於工作，在那個年代，保險觀念不普及，保險的使用也不太全面，也因此阿偉的父母都沒有考慮過保險，身上也沒有任何一張保單。所以阿偉沒有料到，考慮保險這件事，居然會在現在成為他們家的問題。

　　前陣子阿偉父親在家中突然摔倒，還好他反應還算敏捷，來得及用手撐地板，沒有整個人跌坐下去，本來以為沒什麼事，但卻感到手腕疼痛，外觀上也越發紅腫。他們最終決定去醫院檢查一下，檢查完後發現是手腕遠端橈骨骨折，必須立即手術。不幸中的大幸是，手術及復原都相當順利，但因為這件事，阿偉一家發現他們沒有保險可以理賠，醫療相關花費只能自己吸收。

　　也因此阿偉意識到，父母年紀大了，身體大不如從前，醫療需求有可能隨之增加。但父母一輩子都沒有保險，這意味著未來

可能的醫療開銷，會影響家庭財務。阿偉在想，還有必要為父母購買保險嗎，他也聽說長輩投保好像會有一些限制，但不清楚父母還可以買什麼保險。聽說有一種小額壽險適合長輩，是真的嗎？

▶ 長輩投保可能會面臨的 3 個問題

隨著年紀跟健康狀況變差，使用保險解決問題的效率其實是下降的。因為對保險公司來說，需要考慮保險損失率（註 1）這件事，因此長輩投保可能會面臨下列 3 種問題：

1 投保年齡上限

保險公司對於不同的保險產品通常有年齡限制，超過這個年齡限制的長輩，即使想投保也會被拒保。像阿偉的父母因為年紀都超過 70 歲，幾乎不能投保了，就算有能投保的商品，也不見得適合或划算。

2 身體健康狀況

年紀較大的長輩通常健康狀況較差，保險公司可能認為承保風險過高，因而拒保，即使可以投保，保費也可能非常高，甚至附加許多限制或除外條件。

③ 投保保費過高

被保險人的年齡是保險公司需要考慮的條件，隨著年齡增長而會顯著增加保險費用，對於一些長輩來說，即使可以購買保險，可能因為保費過高而難以負擔。

▶ 什麼是小額壽險？有哪些優缺點？

銀髮族保險規劃中的小額壽險，是因應**台灣人口老化**與**少子化趨勢**，而推出的一種保險商品。小額壽險的推廣，是希望普及高齡長者的基本保障。為了方便高齡長者投保，小額壽險的內容以簡單易懂為原則，種類及限制如下表：

★目前小額壽險種類與限制

種類	限制
傳統型終身人壽 保險主契約	主契約保險金額上限**90萬**
	商品組合有效契約以**四件**為限 （主、附約視為一件）
	主契約投保後三個保單年度內，被保險人身故或完全失能時，身故保險金或失能保險金改以 「**已繳保險費總和**」之一點零二五倍金額給付
一年期傷害保險附約	附約保險金額上限**10萬**

小額壽險不是萬靈丹，只能幫助我們解決某一部分的問題。

因此需要了解自身的需求，判斷小額壽險的優缺點，再決定是否需要購買。

1 小額壽險的優點

(1)**最後能買的保險選擇**：因為投保條件較寬鬆，至少在無法承擔風險，也無法將風險轉嫁給保險的時候，還能買小額壽險解決辦理身後事的問題。

(2)**比一般壽險便宜**：小額壽險相較一般終身壽險，保費會比較低，約為一般終身壽險的 7 成。

(3)**較寬鬆的投保門檻**：小額壽險的最高投保年齡至 84 歲，原則上大多免體檢，但仍需詳細填寫健康告知書，並且誠實告知。

2 小額壽險的缺點

(1)**繳費壓力可能過大**：因為投保年齡加繳費年期不得超過 90 歲，如果是 84 歲投保，就只能買 6 年期的小額壽險，年期越短表示每年需繳保費越高。因為購買小額壽險的消費者，多是經濟條件比較差的族群，這可能本末倒置，反而影響到生活。

(2)**只能附加傷害保險附約**：因為不能附加其他種類保險，因此無法轉嫁其他醫療上的風險缺口。

▶ 退休規劃及早準備為宜，別期待保險來解決

隨著年紀越大，甚至退休後，承擔風險的能力會下滑。因為不容易有主動增加收入的機會，身體也會邁入老化的階段。因此，退休規劃應該及早準備，否則會陷入無法做財務調整的困境。

像阿偉父母目前的狀況，就是財務調整的彈性比較低：如無法增加收入、急需使用生活費甚至消費增加、無法做長期投資降低風險，享受複利、難以投保適合的保險產品轉嫁風險，所以，他們得考慮其他替代方案，如節省支出、維持良好健康狀況、活用現在已有的資產、尋求阿偉及親友支持，來應對可能發生的意外或其他風險。

退休和投資需求有相似之處，因為退休通常離現在的時間較遠。我們常說時間可以沖淡一切，這也包含風險，因為有更多時間來調整和檢視財務狀況。

透過財務規劃，我們可以確立目標和執行方法，然後建立長期的投資組合來做好準備，長期累積的效益也遠遠大過於買保險，而且當資產累積大過於風險需求時，保險也不再是必須了。在這種情況下，使用保險來應對退休可能發生的狀況，則不會是首選了。

1. 長輩投保會面臨 3 種問題。
2. 先了解小額壽險是什麼，以及各有哪些優缺點。

 思考練習

● 思考一下，如果目前沒有買過保單，轉嫁思考過的風
  險，有其他可以轉嫁風險的方式嗎？如不動產、親友
  支持、其他增加收入的方式、可以節省的支出種類、
  其他現有資產……等。

註釋

1. 保險損失率簡單來說，就是賠償金額占保險金額的比率，這
   需要考慮事件發生頻率，以及事件發生的嚴重程度。因為保
   險公司不是慈善事業，它是收取保費，並在風險發生時給予
   保障的營利事業，會需要以企業持續經營為考量。

| 有效傳承 |

靠保險節稅？
你更該考量的是資產傳承

前陣子，已經退休的劉太太來詢問，有保險業務員找她，跟她說要有效把資產傳承給小孩的話，可以運用保險節稅，讓她感到很心動。但她又有點擔心，因為聽起來好像只要買高額壽險，財富傳承的問題就解決了，但真的有這麼簡單嗎？

我跟劉太太說，其實運用保單節稅這件事，是工具考慮的問題，我們都需要回歸一個大前提：你原本**希望解決的問題是什麼？**先找出問題，接著設定策略，再選擇工具，才是適當的思考流程。

考慮到家庭財務狀況、已經持有的資產型態、合理分配及家庭情分考量，很可能需要關注的問題不是節稅，合理繳稅反而讓分配更沒有爭議，而且也不一定需要使用保單的方式進行。

以劉太太主要希望把資產及房地產，公平地分配給孩子們的立場，以及未來孩子們對這些財產的可能運用方式，她需要考慮的問題反而是：不動產是要「**生前贈與**」、「**生前買賣**」還是「**身後繼承**」？

不過在台灣，幾乎人人手中都有保單，保單除了保障及理財的功能外，還有一個特殊的功能——「**節稅**」。很常聽到保險業務員推薦保單，是主打節稅訴求，也常聽有人問買保險不用繳稅是真的嗎？保險該怎麼節稅？所有保單都適用嗎？

▶ 保險到底是節什麼稅？

　　保險節的稅其實有不同形態，主要會考慮到的有 2 種，一種是「**綜合所得稅**」；另一種是「**遺產稅**」。

1 綜合所得稅

　　每年 5 月申報綜合所得稅的時候，如果我們選擇**列舉扣除額**的申報方式，依所得稅法第 17 條相關規定，可以扣除每人每年 24,000 元的保險費（健保費則沒有保費額度限制），但要注意以下 4 種條件：

　　(1) 被保險人與要保人應在同一申報戶。

　　(2) 扶養非直系親屬無法扣除。

　　(3) 只能扣除人身保險費（不包含產險）。

　　(4) 申報時應檢附保險費收據正本。

2 遺產稅

　　保險法第 12 條規定，保險金額約定於被保險人死亡時給付

於其所指定之受益人者，其金額不得作為被保險人之遺產。因此才有人說，自己買了保單指定另一個受益人，就不用課到遺產稅了。但利用保險把稅都避了，並不是保險的初衷，我們還要留意以下幾個條件。

(1) 保單有指定受益人：

且要保人及受益人不同人，才能不計入遺產。

(2) 符合最低稅負制——基本稅額的規定：

民國 95 年施行《所得基本稅額條例》，限制了運用這種方式節稅的上限，超過上限則需要計入個人基本所得額，去計算綜合所得稅。先計算所得基本稅額保險給付 3,330 萬免稅額度，再計算有沒有超過個人基本所得額 670 萬免稅額度。

A. 今年所得基本稅額保險給付免稅額度為 3,330 萬，明年 114 年申報時可增加到 3,740 萬。

B. 今年個人基本所得額免稅額度為 670 萬，明年 114 年申報時可增加到 750 萬。

(3) 為避免利用保單避稅的行為，課稅須符合實質課稅原則：

金融監督管理委員會 109 年 2 月 4 日發布金管保壽字第 1090410128 號函、財政部在 102 年 1 月 18 日發布台財稅字第 10200501712 號函中都有提到，具有「八大樣態」的投保行為，都會是國稅局課徵遺產稅的關鍵，以下提供八大樣態說明參考。

八大樣態	樣態說明
高齡投保	通常70歲以上就算高齡，但仍需考慮健康及投保動機。
鉅額投保	視被繼承人遺產比例而定，及投保金額是否符合常理。
密集投保	被繼承人死亡前數年內短期多次投保。
短期投保	投保後短期被繼承人身故，5年內身故都有可能還是屬短期投保。
重（帶）病投保	以及罹患較重大的疾病來投保。
躉繳投保	一次性繳納保費。
舉債投保	向金融業貸款投保。
保額／保險給付（含利息）少於或等於所繳保險費	保險給付小於或等於已繳保費，與保險精神不符。

▶ 保險的訴求不是節稅，而是「保障」

現在保險能節稅的空間已經不大了，但在預留稅源，搭配節稅考量下，仍然是可以運用的方式。不過在稅務層面，國稅局會以考量保險是否符合保險的投保精神——「**用小錢換取大保障**」為判斷依據。

因此，一些保險稅務優勢反而不是關鍵，這其實是考量過保障需求後，才需要考慮的事情。無論如何，我們都要先找到關鍵的問題，這才是重點：是要解決保障問題？解決傳承問題？解決

節稅問題？因為不同的考量，最終執行的策略及使用的工具就可能不一樣。

重點摘要

1. 保單能節的稅有 2 種：「綜合所得稅」及「遺產稅」。

2. 投保保單須避免 8 大樣態，以免被認定為避稅。

3. 保單節稅問題，可能不是財富傳承最大的關鍵，需要事先考慮到家庭財務狀況、已經持有的資產型態、合理分配及家庭情分考量等因素。

 思考練習

- 如果自己面臨到未來資產傳承的問題，我們得先盤點一下現在具有的資產類別型態，接著才往下思考該怎麼分配。因為家庭情分反而是財務傳承上，最關鍵也最難解決的問題，所以可以從這個角度開始思考。

第 44 堂

┤ 不懂不碰 ├

詐騙無處不在，
如何避免淪為肥羊？

　　某天的早上會議結束後，我看到文琪傳來一個傷心的訊息：「哲茗哥，我媽媽被詐騙了，勞保退休金一次領出來，現在全都沒了，怎麼辦？」

　　我超震驚又生氣。驚的是，不久前文琪才問我，媽媽的勞保可以怎麼領比較好。我雖然不清楚文琪媽媽的財務狀況，但是一般來說，選擇年金應該是適合多數人的方式。怎知道，現在竟然會聽到這樣的噩耗。

　　生氣的是，詐騙集團真是猖獗，這可是老人家的老本耶，叫他們退休生活如何是好呢？

▶詐騙，就是利用人性的「貪念」

　　雖然到處都在宣導，但是詐騙手法推陳出新，讓人防不勝防。詐騙集團都是運用人的貪念，再加上急迫性，讓人無法思考與求證，才能得逞。

　　聽文琪說，這次詐騙集團是用抽股票的手法，引誘被害人上鉤。一開始，文琪的媽媽也不相信，但是在群組裡大家呼來喝去，一直說自己又賺了多少多少，最後忍不住動了念。不過，文琪媽媽還是有警覺性的，剛開始只是拿幾萬元試試，沒想到真的賺到一些錢，詐騙集團也真的匯錢到文琪媽媽的戶頭裡。

　　就這樣，詐騙集團放長線釣大魚，最後一次跟文琪媽媽說，恭喜她這次抽中價差很高的股票，雖然一次要拿一百多萬的本金，但是獲利會有數十萬。詐騙集團還會用各種手法引導被害人操作，避免引起銀行或家人的注目。最終，文琪媽媽的勞保老年給付，幾乎全都一去不復返。

▶ 警惕「低風險、高報酬」的話術

　　其實上面詐騙集團的手法，對於平常有在接觸股票的人來說，相對比較容易破解。但是，這個手法要騙的對象，就是平常沒在理財的小白啊。

　　另外，本書前面有提過，**長期合理的投資報酬率，約莫是落在 5～8%，如果有標榜超過這個數字的報酬率，心中就應該要響起警報**，繼續追問能夠大幅獲利的原因。

　　再不然，上網多 google 一下，如果長輩不熟悉網路，能找個可以信任的晚輩協助，都可以降低這些憾事發生的機率。畢竟，一個長輩被騙，可能連帶牽連幾個子女的家庭。

另外，我們也可換個角度想，真有這麼好康的事情，怎麼對方自己不開融資去賺呢？

　　切記：「天底下沒有低風險、高報酬的投資。」「如果有，不是你搞錯，就是詐騙。」

▶ 這樣判斷，篩選出真正專業的財務顧問

　　除了像詐騙集團這樣惡劣的手法外，在投資理財的世界裡，更是充斥各種讓人摸不著頭緒的「話術」，對於非專業的大眾來說，就容易被唬得一愣一愣的。要知道，一個錯誤的財務決策，在本金龐大的情況下，殺傷力可能不亞於詐騙集團呢，而且可能還是合法的呢。

　　比如說，購買保守的儲蓄險，想賺 2～3% 利息就好。結果兩年後突然急需一筆錢，可能要被迫損失本金解約，或是用更高的保單貸款利率，借出來應急。

　　市面上財務規劃師、財務顧問等類似的頭銜琳瑯滿目，讓人眼花撩亂，對於非從事金融業的一般大眾而言，該如何挑選一位真正專業的財務規劃師呢？

1 檢視是否具備專業證照

　　金融業的證照多如牛毛，對於一般人來說也是難以辨識。不過，目前多數金融從業人員認可的頂級專業證照是以下這兩個：

・特許財務分析師 CFA（Chartered Financial Analyst）
・認證理財規劃師 CFP（Certified Financial Planner）

這兩張證照的共通點，除了考試測驗的難度高、對專業知識要求高之外，也必須要有一定的從業經歷，並且，也須經過具公信力的機構認證後，才可以正式取得。此外，持證人的名字，都可以在機構搜尋到，能確認其效力。

2 第一次會面就該問這 10 個問題

顧問的專業能力固然重要，但是如果品格不佳、立意不良，反而可能造成更大的危害。所以，除了上述的證照外，參考美國個人財務顧問協會（The National Association of Personal Financial Advisors，簡稱 NAPFA）提供的建議，應該要向財務顧問詢問以下的問題（以下圖片截自 NAPFA 網站）：

1. 你的報酬、收入來源為何？
2. 如果你有收取銷售金融商品的佣金，是否會詳列出金額？
3. 如果將我轉介給其他人購買金融商品，你是否會收取轉介費或是分潤？（務必要清楚顧問的收入來源為何，收取佣金或分潤沒有問題，有問題的是沒有清楚揭露）
4. 是否隨時遵從善良管理人的標準？

5. 是否將我的財務利益放在首位？（4 和 5 這兩個問題應該不會有人回答「否」。但是聽其言，觀其行，與顧問的首次會面要多多提問，若所說與行為不一致，一定有露出馬腳的地方）

6. 是否曾被主管機關裁罰過？（註：SEC 是美國證管會，類似於台灣的金管會；FINRA 是美國投資人保護協會）

7. 你提供綜合財務規劃或是僅有投資管理？

8. 是否服務很多像我一樣的客戶？

9. 你會如何協助我達成財務目標？（註：清楚的服務流程，是否有明確的案例可供分享？）

10. 如果你出了什麼事，我與貴公司的關係會生變嗎？

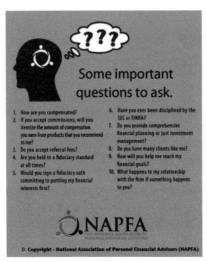

資料來源：美國個人財務顧問協會

如果沒時間好好理財，或者不確定自己目前的理財模式是否可以更優化，也許可以考慮尋求專業顧問的協助，但必須先做好以上功課，在與顧問首次會面時，大膽提問以上的問題。畢竟，沒有人想讓自己辛苦累積的血汗錢白白地浪費了，不是嗎？

重點摘要

1. 人性貪婪是詐騙集團的利器：詐騙集團常利用人們的貪心心理，搭配急迫性，讓被害人無法冷靜思考，進而落入陷阱。常見的手法包括高額報酬的投資機會、急需資金的求助訊息等。

2. 慎選財務顧問，避免受騙上當：在尋求財務顧問協助時，應注意顧問的專業資格、品格與服務內容。建議選擇持有 CFA 或 CFP 等專業證照的顧問，並仔細詢問其報酬來源、服務流程等細節。

3. 投資理財應保持理性，切勿貪圖高額報酬：天底下沒有穩賺不賠的投資，若遇上宣稱高額報酬的投資機會，務必提高警覺。投資前應充分了解相關風險，並尋求專業意見。

 思考練習

- 你是否曾遇過類似詐騙事件，或是身邊有親友受害？若有，請回想當時的情境，思考自己或對方為何會上當？
- 你會如何向身邊的長輩宣導防詐騙的知識？有哪些簡單易懂的方式，可以讓長輩了解詐騙集團常用的手法？

| 配息迷思 |

月月配息真美好？
可能是自己幫自己加薪

　　每隔一段時間，台灣的股民總會流行起某些風潮，而這些風潮大多跟配息脫不了關係。遙想「古早」的年代，電信三雄、中鋼是股民們最愛的配息標的。後來改成流行存金融股，理由是金融股大到不能倒，又是特許行業，每年會有穩定的配息。

　　現在，這股風潮改吹到 ETF 了，自從國泰投信推出季配息台灣 ESG 永續高股息 ETF，大受市場歡迎。接著，為了提高配息頻率，許多理財 YouTuber 教大家自組月配息的 ETF 組合：購買三檔在不同月份季配息的 ETF，就可以組成月月配的 ETF 投資組合。

　　當時我就預言，月配息的 ETF 遲早會出現。果不其然，在今（2024）年的 3 月，元大推出主打月配息的 ETF，再加上以10元的低價發行，「感覺」比較便宜，募集時火熱到金管會都出面關切。

　　多年不見的朋友小花，在臉書私訊問我，他想把定存解掉去申購這檔 ETF，這樣做到底好不好？

　　身為顧問，當然沒有辦法直接回答小花的問題，尤其對多數人來說，「好不好」的定義是「短期能不能夠賺錢？」那我想這個問題的答案，大概也只有上帝可以回答。

▶ 月配息＝每月加薪？其實是迷思

　　月配息真的這麼好嗎？為什麼投資人如此熱衷？這其實是人類的本能，因為人是討厭損失、規避風險的動物，會傾向先拿到獲利，所以當手中的股票有賺錢時，會想要落袋為安。配息也是一樣的概念，即使知道錢只是從左邊口袋拿出來，放到右邊口袋，還是可以產生心理的安定感。

　　再者，因為增加收益平準金的機制，讓這類季配息、月配息ETF，可以穩定地每季，甚至每月配息，對於投資人來說，就產生相當高的吸引力，讓人有「每月加薪」的美好錯覺。

　　最後，當報紙新聞、各大網紅、朋友同事都這樣做，就會更加強化，導致一窩蜂的現象。若是不想被新聞媒體搞得暈頭轉向，最終還是要回歸到理財的目的，才能解決這個問題。

　　我先向小花說明這件事，但是明顯感覺的到，他不是很想聽⋯⋯。

▶ 為何這些 ETF 可以穩定配息？

不過，你是否會好奇，台股除息旺季都在 6～9 月，這些季配型、月配型 ETF 是怎麼辦到穩定配息的？

事實上，這些「遊戲規則」都清楚地寫在公開說明書裡，只是公開說明書通常多達上百頁，當中又穿插許多專有名詞，對於一般投資人來說，就像六法全書一樣，每一個字都看得懂，但是合在一起就看不懂了。

以下節錄國泰 ESG 永續高股息 ETF 的公開說明書：

國泰台灣 ESG 永續高股息 ETF 基金(基金之配息來源可能為收益平準金)

1. **分配之項目**

   本子基金可分配收益，應符合下列規定

   (1) 本子基金除息交易日前（不含當日）投資所得之現金股利、稅後利息收入、基金受益憑證之收益分配及收益平準金，扣除本子基金應負擔之各項成本費用後，為本子基金之可分配收益。其他所得如符合(2)規定者，得由經理公司決定是否增配。上述可分配收益，由經理公司依據述 2 規定進行收益分配，惟如經理公司認為必要時，可於分配前隨時修正收益分配金額。

   (2) 前述可分配收益若另增配已實現資本利得扣除資本損失（包括已實現及未實現之資本損失）及本子基金應負擔之費用時，則本子基金於收益分配評價日之每受益權單位之淨資產價值應高於信託契約第 5 條第 2 項所列本子基金每受益權單位之發行價格，且每受益權單位之淨資產價值減去當次每受益權單位可分配收益之餘額，不得低於每受益權單位之發行價格。

也就是說，**基金公司完全可以決定分配金額。所以，只要「去年」領到的股利不要一次發完，而是分次逐季慢慢發，就可**

以達到穩定配息的效果。這樣的做法，大家可能都曾經在成語故事裡看過，我稍稍地做些改編：

　　有一群猴子，每天早上都可以領到主人的四顆果子。後來，主人改成每天早、午、晚、宵夜各發一顆，本來午餐、晚餐、宵夜都要餓肚子的猴子，就開心到暴動。

▶ 高配息≠高報酬

　　由於許多高配息 ETF 的成立時間不長，我們就拿老牌的高息 ETF 0056，來跟市值加權的 0050 比較：

	0056		0050	
	年化報酬率%	年化標準差%	年化報酬率%	年化標準差%
3年	14.78	18.41	12.16	20.49
5年	17.91	17.70	21.15	20.93
10年	11.58	15.04	14.12	16.82

資料來源：Morningstar，2024/5/23 收盤

　　雖然 0056 的波動（標準差）確實比 0050 小，但是在 5、10 年的報酬率也輸給 0050。再進一步看衡量風險／報酬比率的夏普比率（編按：或稱夏普指數，指投資者承受每一單位風險所得到的報酬），10 年下來，0050 的 0.80 是遠優於 0056 的 0.60。

也就是說，**0056 雖然波動較低，但是相對損失的報酬率更多。所以，配發較高的股息，並不代表較高的報酬率！**

再者，為了拿到配息，我們還必須多負擔一些成本，例如：

⑴ 匯費：每筆 15 元，配息頻率增加的話，累積起來也是一筆不小的成本。

⑵ 健保補充費：每筆配息如果超過 2 萬元，就要課 2.11％ 的健保補充費。

⑶ 所得稅：股利的可扣抵稅率為 8.5％，所以如果所得稅率高於 12％，領越多股息，隔年就要補繳越多所得稅。

▶ 配息不是不好，而是要回歸理財的目的

任何金融商品都有其特性，沒有絕對的好與壞，而是要依理財的目的來選擇。舉例來說，如果是一位沒有固定收入的退休族，透過配息來支應每月生活開銷，只要充分了解上述的配息成本以及 ETF 的投資內容，那麼這樣的選擇或許是可行的。

反過來說，對一位還在累積資產的年輕人，每月生活開銷由自身的薪資收入來支應，所以拿到的配息仍然是要再投資，此時拿到配息不僅要多花成本，還要再多花時間把配息投入新的標的，相對就不是一件有效率的事。

當然，要如何衡量這些 ETF 的績效表現，而不是單單只看配息率、報酬率，對投資人來說可能又是一件更困難的事了。若

只著眼於配息，忽略自己的理財目的、現況，甚至沒有好好做功課，研究 ETF 的投資方式，最終結果往往就會不如預期。

通完電話後，小花簡單跟我道了謝，至於後續如何，我暫時沒有下回可以分曉了。

重點摘要

1. **月配息 ETF 的迷思**：月配息 ETF 雖然看似穩定且吸引人，但其配息機制並非真的創造了額外的收益，而是可能將原本的收益分次發放。投資人容易被「每月加薪」的錯覺所吸引，卻忽略了背後的機制與潛在風險。

2. **高配息不代表高報酬**：追求高配息的 ETF，並不代表一定能獲得更高的報酬。過度強調配息，反而可能犧牲了長期績效。投資人應將目光放遠，考量整體的風險與報酬。

3. **理財目的至上**：選擇投資標的時，應先釐清自身的理財目標。對於退休族或需要穩定現金流的人來說，月配息 ETF 或許是適合的選擇。但對於年輕人或長期投資者而言，追求成長型的投資標的可能更為適當。

思考練習

- 你曾經購買過股票或是基金嗎？是否曾經看過公司的
  年報，或是基金的公開說明書呢？
- 在選擇 ETF 時，除了配息率外，還有哪些指標是值得
  關注的？

第 46 堂

| 資產配置 |

如果阿共打過來，
該怎麼保護自己的財富？

　　前陣子巴勒斯坦哈瑪斯組織與以色列戰火不斷，烏俄戰爭也一直沒有結束，戰爭情勢越來越複雜。這也讓不少人擔心，戰爭對世界、投資、生活的影響。台海之間的不平靜，也讓我們一些客戶詢問，萬一真有大型戰爭，或者戰爭就發生在身邊時，應該怎麼辦？需要做一些財產上的處置嗎？

　　阿勇雖然還沒有退休，但隨著其他目標的考量、接近退休年齡，我們在投資組合上有一些調整，漸漸調整成重視用錢彈性、降低波動、設定後的報酬率的投資組合，在我們的規劃下也定期再平衡檢視，動態性調整滿足未來及現在生活的平衡。

　　但近年來國際局勢緊張，新聞裡充斥著各國間的衝突和經濟制裁的消息，還是令阿勇感到很緊張。他開始擔心，戰爭會不會也在台海引爆，甚至導致市場崩盤，讓他的投資血本無歸。他聽說大家說黃金保值，於是考慮有些投資是不是該轉成黃金。

▶一旦發生戰爭，會帶來哪些衝擊？

目前世界 4 大火藥庫為：**烏俄、以巴、中台、兩韓**，已引爆 2 個，分別是烏克蘭與俄羅斯、以色列與巴勒斯坦。剩下較大衝突可能性的地區，分別是中國與台灣、北韓與南韓。

像這種因為地緣政治風險，而對全球產生的影響，一直是國際間關注的焦點。一旦戰爭發生，最直接的衝擊包含**原物料、能源、糧食**以外，也延伸到**國與國之間的經濟往來、交流、債權債務、投資**……等影響。

尤其台灣身處 4 大火藥庫之中，我們除了擔心戰爭的間接影響外，其實也會特別擔憂，萬一戰火直接席捲台灣，有可能面臨生死存亡的問題。

▶將資產轉換成黃金，是適宜的策略嗎？

其實**不同的資產性質，長期成長的幅度與趨勢會不太一樣**。我們可以觀察右頁下圖這項由賓州大學華頓商學院Jeremy Siegel教授所主持的著名研究（Jeremy Siegel total-real-return-indexes），看看不同的美國資產在過去超過 200 年的狀態下，成長率的差異是多少。

這張圖的期間是西元 1802 年～2021 年，資產類型包含股票、債券、國庫券（註1）、黃金、美金。我們發現 1 塊錢的

★ 全球經濟風險

圖片出處：國家發展委員會經濟情勢簡報（20231018）

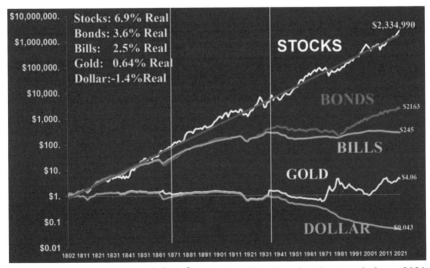

圖片出處：Jeremy Siegel total-real-return-indexes 2021

股票持有 219 年，會變成 2,334,990 元；1 塊錢的黃金則是變成 4.06元。如果我們把通膨因素（通貨膨脹率約略在 2～3% 左右）考慮進去，1 塊錢的股票會變成接近 1.3 億元；1 塊錢的黃金則會在 300 元左右。更不用說，美元現金的成長率還會輸給通貨膨脹率。

所以**我們如果選擇長期持有黃金，就表示放棄了投資成長性，優點則是持有的黃金，比較不會受到各種事情所影響**。因此，買黃金的決策令我們擔憂的是，**萬一沒發生戰爭，就表示很多目標因為資產的成長不足，可能得延後或者達不成了。**

原則上，若需要大量將資產轉換成黃金，是為了保命而做準備，覺得真的要發生戰爭了，這樣的決策才比較合理。我們可以思考，是因為各種消息讓我們緊張而已嗎？還是真為了戰爭的發生要做好準備？

▶ 如何打造適合的投資組合？

1 評估財務目標

我們需要先評估自己想要達成的目標，才能確實理解財務該怎麼分配，為了目標又需要做出什麼行動。如果預計明年需要花 100 萬買車，那這時將 100 萬買 6 年期儲蓄險，就不是合理的決策。

如果覺得戰爭只是令人緊張，還有很多想實踐的事，是否願

意放棄好好退休的可能性，轉而為戰爭逃亡做準備？這就需要好好思考，畢竟這會影響到你的資產分配，以及目標該如何實現。我們可以藉由下表簡單地思考，該如何勾勒自己的圓夢計畫。

★ 圓夢計畫 6 步驟

	Step 1. 列出 5項夢想 目標	Step 2. 明確描述 夢想目標	Step 3. 未來48 小時可以 採取什麼 行動	Step 4. 想和誰 分享	Step 5. 列出 該夢想的 價值觀	Step 6. 實現該夢 想需要花 多少錢
範例	退休	65萬能有2千萬退休金使用	檢視自己的收支，改善信用卡使用情況	跟死薰阿明說，也看看他要不要跟進互相督促	人生尊嚴	2千萬
1						
2						
3						
4						
5						

2 配合目標調整投資組合

因為已經勾勒出自己的圓夢計畫，會有比較具體的數字、時間產生，我們就可以思考資產應該怎麼配置（如下表），萬一能投資的金錢不夠多，也才清楚願意為哪些條件妥協（**提升收入、減少支出、目標延後、目標縮減**）。

適用情境或持有期間	費用後目標報酬率	股票與其他資產類別（主要是債券）占比
1～3年、退休	3%	30%／70%
3～5年、退休	4%	50%／50%
5～7年	5%	70%／30%
7年以上	6%	90%／10%
10年以上	7%	100%／0%

小提醒，盡量以世界型的資產配置為準，而不要偏頗在單一產業、公司上，否則會無法達成分散的效益。

▶ 所有計畫都是一體兩面

其實評估資產的組合、目標設定的檢視與執行，都不是這麼容易，但很重要的原則是，財務調整及資產分配，要依據自己的計畫與狀況調整，而不是單純受到訊息刺激影響。戰爭是一件令

人害怕的事情，但我們仍然要考慮許多事情，做出不同的計畫，努力達成自己想要的生活。

沒有計畫能 100％ 如預期，所以我們在制訂計畫時，需要考慮一體兩面的影響，而**不是只因為結果好，就覺得決策好；也不要因為結果不好，就覺得當初決策不理想。**

即使天氣預報明天出大太陽的機率為 80％，仍有可能遇到下雨，即使我們知道出門不太會碰到下雨是個好結果，但也要思考好的那一面發生了，可以達成目標嗎？不好的那一面發生了，我可以承擔嗎？我們無法掌握運氣，但可以思考可掌握的部分，以及應對意外發生的策略。

我們了解各種資產的長期趨勢後，會發現如果阿勇因為擔憂，而改變原本投資計畫的方式與紀律，反而導致原有的退休及人生目標通通都達不成。為了這個去賭戰爭會不會發生，到底值得嗎？當分析完這些，其實阿勇就有答案了。他理解**保持投資組合的多樣性，因應自己的狀況定期檢視和調整，就是應對各種風險的最佳方法。**

> **66** 我們不要為了一個感性擔憂的明天，
> 而失去可以一手掌握的未來。 **99**

1. 依 Jeremy Siegel total-real-return-indexes 理解不同資產的長期趨勢（以下由高至低排列）：

成長率：股→債→國庫券→黃金→貨幣

波動率：股→債→國庫券→黃金→貨幣

2. 我們需要評估財務目標，配合目標調整投資組合。

3. 我們需要以目標及現況，設定執行及應對風險的計畫。

 思考練習

● 我們常聽長輩說黃金賺了很多，也常聽說房地產比較賺錢，那麼就上網比較一下吧，過去 20 年來台灣股票大盤指數、房地產大盤的成長指數、黃金指數，哪個漲得比較多呢？

註釋

1. 國庫券是政府發行的一種債券，目的是為了控制國家的收支平衡，並以國家財政收入做為還款保證，因此違約的可能性很低，流動性強，但報酬率也會比較低。

投資紀律

買低賣高難預測，
不如保持紀律，堅守到底

每當股市行情熱絡、股價不斷創新高的時候，總會遇到兩大類的問題，第一類是：

「現在大盤已經兩萬多點了，**還可以買嗎？**」

「輝達、台積電漲這麼多，**可不可以追？**」

第二類是：

「現在大盤已經兩萬多點了，**要賣了嗎？**」

「輝達、台積電漲這麼多，**要不要落袋為安？**」

各位聰明的讀者應該猜到，通常問第一類問題的，是遲遲觀望還沒進場，看著別人已經賺到流湯，想跟進卻又怕套在高點的人。而問第二類問題的，則是手上有投資的人，即使投資金額只有一點點，也擔心煮熟的鴨子飛了。

所以，不論上漲或下跌，都牽動著投資人的情緒，每個人都想成為「賣在高點，買在低點」的神手，不想成為「買在高點，賣在低點」的韭菜。所以，該怎麼做比較好呢？

▶如果能夠避開「黑色星期一」……

　　不論是問第一類或是第二類問題的投資人，無非是擔心一個狀況：萬一遇到市場回檔、大跌，該怎麼辦？如果可以現在先賣出，或是等大跌時再進場，會不會比較好？

　　既然如此，我們先來看看金融史上最有名的大跌：**黑色星期一**。1987 年 10 月 19 日，美國著名的道瓊工業指數，單日大跌超過 20%。試想，假如我們得以避開黑色星期一，報酬率是否會勝過傻傻長抱股票呢？我們來看看以下例子。

　　大雄與哆啦 A 夢在 1987 年 9 月底時，由於市場大好，前方看不到任何經濟疑慮，他們討論著到底要不要進場投資股票。

	1年	3年	5年	10年	20年	30年
哆啦A夢	13.5%	10.1%	14.5%	17.5%	12.1%	10.6%
大雄	-13.2%	1.8%	9.1%	15.0%	10.7%	9.6% **156,429**
差異	+26.7%	+8.3%	+5.4%	+2.5%	+1.4%	+1.0%

──────▶ 期間越長，差異越小！

　　大雄決定立刻開始投資，並且全數投入 S&P 500 指數。而哆啦 A 夢先乘著時光機回到未來，預知 10 月 19 日「黑色星期一」即將來臨，因此哆啦 A 夢決定在十月底才投入，避開了黑色星期一。大雄與哆啦 A 夢不同投資期間的年化報酬率如上表（藍色數字為投資本金 10,000 美元的結果）。

　　從這張表來看，投資初期大雄確實在報酬率上落後不少，但是隨著時間拉長，30 年下來也只輸 1% 而已。而且，即使大雄沒能避開黑色星期一，10,000 美元的投資仍成長為 156,429 美元，相當於 14.6 倍的報酬！即使買在當時覺得是高點的時間點，經過 30 年，大雄依然可以「買在高點，賣在更高點」！

▶ 如果 5 年後才大跌……

　　不過，哆啦 A 夢之所以獲勝，是因為在投資的初期立刻就遇到大跌。如果兩人進場投資的時間點，從 1987 年 9 月往前推 5 年，也就是 1982 年 9 月，結果又會是如何呢？（見下表，藍色數字為投資本金 10,000 美元的結果）

	1年	3年	5年	10年	20年	30年
哆啦A夢	5.0%	5.0%	5.0% 12,763	8.3%	8.9%	8.4% 113,463
大雄	32.0%	17.0%	20.8%	16.1%	12.8%	11.0%
差異	-27.0%	-12.0%	-15.8% 25,700	-15.8%	-15.8%	-15.8% 228,500

註：前 5 年哆啦 A 夢僅採用定存，利率 5%。

　　哆啦 A 夢雖然避開了黑色星期一，但是也錯過了 1982～1987 年的漲幅，這 5 年大雄投資的年化報酬率高達 20.8%，而哆啦 A 夢僅有定存的報酬！因此，30 年下來，哆啦 A 夢的 10,000 美元，「僅」成長為 113,463 美元，遠遠不及大雄的 228,500 元！

▶「擇時進出」須面臨的 3 個問題

　　「逢高賣出，逢低賣進」是許多投資人的夢想，只要來回成功操作幾次，很快就能讓財富翻倍再翻倍。但實際上，擇時進出的投資人，必須面臨三個問題：

　　1. 賣出後還會漲多少？

2. 賣出後還會漲多久？

3. 回檔修正幅度有多少？

在股市長期趨勢向上的前提下，擇時進出的投資人，平均而言一定是勝少敗多。從前面哆啦 A 夢和大雄的例子來看，擇時進出獲勝的條件，必須要在賣出後，股市「立即」「大幅下跌」，並且在股市止跌時買回，同時符合三個條件，才能夠明顯勝出。

這邊我再來說個故事。2017 年，台股指數睽違了多年，終於站上了一萬點的整數大關，當時還在交易室的我，每天看到的新聞標題就像這樣：「台股連續××日沒有跌破萬點」。類似的標題報了幾個月後，就不曾再出現了，因為指數持續上漲到一萬一、一萬二、一萬三，過去的萬點天險，早已經變成地板價了。

類似的歷史總是不斷在上演。2024 年 7 月，台股指數站上史無前例的 24,000 點，市場一片歡欣鼓舞，記得同年 4 月定方辦講座時，我們的標題還是寫「台股站上兩萬點，該買還是該賣？」短短三個月的時間又上漲了 20%。

只是，好景不常，八月初市場出現雜音，觸動了投資人的敏感神經，8 月 5 日一度跌破兩萬點，速度之快堪比黑色星期一。

但是，讓我們往前看，2014 年 8 月 6 日台股指數收盤價是 9,143.97 點，而 2004 年 8 月 6 日則是 5,399.16 點，恭喜傻傻的「大雄」又大賺了！

▶ 以目標設定投資計畫，市場波動也不怕

或許你會想開始成為大雄，但是像大雄這樣「買高、賣更高」的神操作，買進後什麼都不做、心如止水長達 30 年，看似簡單，其實一點也不容易！但是，從定方的客戶身上，我們看到了可以執行的方法：只要設定清楚人生財務藍圖，擬定好投資計畫，就算市場下跌如同颱風過境，滿目瘡痍，也終將有迎接美好陽光的一天。

財務目標	目標報酬	資產配置	風險承擔

目標報酬率（費用後）	適用情境	股債比
3%	1～3年、退休	30／70
4%	3～5年、退休	50／50
5%	5～7年	70／30
6%	7～10年	90／10
7%	10年以上	100／0

我們不必每天在市場上殺進殺出、搞得自己焦頭爛額，而是可以**根據財務目標的時間長短，設定合理的目標報酬率，再挑選合適的資產配置成投資組合**。時間最終會成為我們的好朋友，幫助我們安心達成目標。

328

　　舉例來說，四年後要付的買房頭期款，就不適合全部押注在股市上，比較好的方式是選擇股債比 50／50 的投資組合，即使遇上股市大跌，這樣的投資組合跌幅也相當有限。至於準備 20 年後的退休金，不論選擇股債比 90／10，甚至全股票的投資組合，都可以利用股市長期高報酬的特性，讓退休金的準備事半功倍！

　　2024 年 8 月 5 日大跌那天，我詢問客戶的感覺，結果得到的回覆是：

　　「我根本沒注意到大跌……」

　　「我只擔心家裡冰箱壞掉沒辦法冰東西。」

　　生活中要費心的事情已經太多了，實在無須再加入金融市場無謂的紛擾。做好規劃、設定好目標、有紀律地投入，好好的花錢、好好的存錢、好好的生活，才是好好的理財。

重點摘要

　　1. 賣在高點、買在低點並非易事：雖然大家都想成為「神操作」的投資人，但實際上，準確預測市場高低點並不容易。即使成功避開一次大跌，也可能錯過更長的牛市。

　　2. 長期投資勝過短線操作：歷史數據顯示，長期投資的複利效果遠大於短線進出。即使買在相對高點，只要長期持有，仍有可能獲得不錯的報酬。

3. 設定目標、紀律執行：投資成功的關鍵在於設定明確的財務目標，並根據目標選擇適合的投資組合，長期堅持紀律執行，而非一味追求短期的市場波動。

 思考練習

- 在過往的投資經驗中，是否曾經嘗試過買低賣高的短期操作？最終結果如何呢？
- 過去投資一檔股票或是基金，持有最長的期間是多久呢？

| 財務幸福 |

別把錢留到死！
樂活退休才是真正的財務自由

　　S 姐是一位退休的國營事業員工，由於具有公務員身分，所以領的是公務員的退休金。幾年前的公家退休金改革，給她帶來了一些影響，於是想在退休金之外另闢財源。原本保守的她，開始嘗試投資，雖然金額不大，但是對於沒有太多投資經驗的 S 姐來說，已經足以讓她提心吊膽了。

　　於是，在朋友的介紹下，S 姐聯繫上我，我也成為了 S 姐的財務顧問，持續協助她執行理財計畫至今。每次有機會跟 S 姐見面或是連線時，除了檢視理財計畫的執行進度、更新市場資訊之外，S 姐也會跟我分享兒時的回憶或是育兒的酸甜苦辣。

▶ 活出自己最美的一面

　　印象最深刻的是，有一次 S 姐跟我說：「我上個月整理衣服時，原本想把年輕時的衣服都丟了，感覺以後也穿不到了。」「但是，我突然想起一個廣播節目主持人的話，她說人即使老

了，也要活的體面，活出最美的自己，就還是留了幾件下來。」

　　這是我們在討論每年治裝費時的對話，所以 S 姐告訴我，雖然現在越來越不常買衣服了，但她還是想保留這筆預算，「提醒」自己注重一下打扮。另外，還有一個 S 姐堅持的預算，就是學習進修的費用。她的鋼琴老師老是唸她學不會，但 S姐也不以為意，就這樣在笑罵聲中度過一堂課。學習新事物的速度雖然慢，但是可以讓 S 姐保持年輕的感覺。

　　為了保持年輕的感覺，S 姐還有另一個妙招：參加銀髮族的跳舞班。在那個班裡，其他「大哥大姐」們總會誇她年輕、有活力，反應快。也因為這樣，退休的 S 姐常常是行程滿檔。

▶財富是「工具」，不是「目的」

　　「住在年輕時買進、住了大半輩子的房子，開著性能還堪用的二手車代步。因為健康狀況還不錯，偶爾還可以吃吃漢堡、喝喝可樂，滿足一下口腹之慾。最棒的是，有個退而不休的工作，生活雖然忙碌，但是每天都帶著跳踢踏舞步的心情出門。」這樣的狀態，是不是比較接近「自由」的定義呢？

　　很明顯的，如果想過這樣的退休生活，困難的不是花費，而是「跳踢踏舞步的心情」。不怕你知道，上面的描述，正是股神巴菲特的生活寫照。

　　S 姐以及正在閱讀本書的我們，個人財富絕對無法跟巴菲特

相比。幸運的是，或許我們這輩子都不可能在財富的累積上，看到巴菲特的車尾燈，但是，我們絕對有可能跟他一樣快樂，甚至有過之而無不及。

不相信嗎？如果巴菲特現在向我們提出一個要求：「我用畢生的財富來交換你的身體、年紀、健康，請問願意嗎？」巴菲特已經是一位高齡 90 幾歲的老頭了。如果你的答案是不願意，那麼恭喜你，你已經比巴菲特「富有」了。

S 姐當然也有擔憂。會為兒女、家人擔心，偶爾也會看了財經媒體的報導，就來問我投資組合到底安不安全。有一次，甚至還因為找錯券商軟體裡的庫存數字，以為投資通通不見了，嚇出一身冷汗。但是，輔導 S 姐的這段日子，相信她有不少的時間是處於「跳著踢踏舞步」的狀態。

現在大眾接觸的理財資訊，多數都是在說「要多少錢才可以退休」，鮮少有「退休想過什麼日子」的討論（至少在財經版面是如此），更不用說，「為什麼退休想這樣過」的引導了。彷彿只要存到某個數字的錢，就可以財富自由，過著如童話般幸福快樂的日子。

▶ 窮得只剩下錢，還算幸福嗎？

2024 年 6 月，定方在當月的說書會中，與客戶們分享了一本書《別把你的錢留到死》，書中作者提到，隨著年紀增長，同

樣的錢能買到的人生體驗會越來越少，甚至有錢也買不到。比如說，高空跳傘雖然要花一筆費用，但在年輕時做這件事，帶來的體驗價值應該都會高於費用。不過，年紀越長，體驗的價值會逐漸遞減，不適感會增加，當年紀大到一個程度，甚至是有錢也買不到這樣的體驗。

但是，財富曲線通常與體驗曲線相反。年輕時沒什麼錢，老年時才慢慢累積一些資產。所以，如果要在人生累積最多的體驗，就要在對的時間花錢，然後離開人世時，把錢花的一毛也不剩。

這樣的概念，跟我們協助客戶模擬生涯資產變化、「破產上天堂」的想法不謀而合。對 S 姐來說，為了家庭奮鬥大半輩子，好不容易兒女長大，當然想開始享享清福。只是，要把錢花光很簡單，但要在死前的一刻才把錢花光，就相當有難度了，如何在「破產上天堂」的理想狀態，與財務安全感之間找到平衡，是多數人一生都無法避免的理財作業。

我們認同的黃金圈做法就是，先了解自己想過的生活（Why），將這樣的生活花費具體化為數字，擬定好人生的財務策略（How）後，才選擇金融工具或商品（What）。如果本末倒置，最嚴重的後果會是：窮得只剩下「錢」。

**66 追求財富，困難；
追求自由，更難！99**

重點摘要

1. **財富不是目的**：退休生活不只是為了存錢，而是要活出自己想要的樣子。透過學習、社交、享受生活等方式，找到退休生活的樂趣，會讓生命更有意義。

2. **退休理財不只是數字遊戲**：一般理財規劃往往著重在數字目標，如存夠多少錢才能退休。但更重要的是，規劃自己想要的生活方式。了解自己的價值觀和目標，才能制定出符合需求的理財計畫。

3. **財務安全與享受人生的平衡**：如何在這兩者之間找到平衡，是許多人面臨的課題。透過了解自己的風險承受能力和財務狀況，才能制定出適合自己的理財策略。

 思考練習

- 你是否曾想過，退休後想過什麼樣的生活？會如何實現？
- 你是否也在尋找財務安全與享受人生的平衡點呢？

0HDC0121

頂尖財務顧問的 48 堂財商素養課

收支 × 保險 × 投資，人生 4 階段富足全攻略

作　　者：洪哲茗、邱茂恒
責任編輯：林宥彤
封面設計：FE DESIGN
內頁排版：顏麟驊

總 編 輯：林麗文
副 總 編：蕭歆儀、賴秉薇
主　　編：高佩琳、林宥彤
執行編輯：林靜莉
行銷總監：祝子慧
行銷經理：林彥伶

出　　版：幸福文化出版／遠足事業股份有限公司
地　　址：新北市新店區民權路 108-2 號 8 樓
粉 絲 團：https://www.facebook.com/
　　　　　happinessbookrep/
電　　話：(02) 2218-1417
傳　　真：(02) 2218-8057

發　　行：遠足文化事業股份有限公司（讀書共和國集團）
地　　址：231 新北市新店區民權路 108-2 號 9 樓
電　　話：(02) 2218-1417
傳　　真：(02) 2218-1142
電　　郵：service@bookrep.com.tw
郵撥帳號：19504465
客服電話：0800-221-029
網　　址：www.bookrep.com.tw

法律顧問：華洋法律事務所蘇文生律師
印　　刷：呈靖彩藝有限公司

初版 1 刷：2024 年 12 月
初版 2 刷：2025 年 1 月
定　　價：420 元

國家圖書館出版品預行編目資料

頂尖財務顧問的 48 堂財商素養課：收支 × 保險
× 投資，人生 4 階段富足全攻略／洪哲茗、邱
茂恒著 .-- 初版 .-- 新北市：幸福文化出版社出版：
遠足文化事業股份有限公司發行，2024.12
336 面；17×23 公分
ISBN 978-626-7532-37-9（平裝）
1.CST：個人理財　2.CST：投資

563　　　　　　　　　　　　113014842

BOOK REPUBLIC
讀書共和國出版集團